스포츠
인문학
수업

스포츠 인문학 수업

호기심 많은 10대를 위한 50가지 스포츠 이야기

강현희 지음

C
클랩북스

1986년 멕시코 월드컵과 1990년 이탈리아 월드컵에서 대한민국 축구 국가대표 팀의 일원으로 뛰며 축구가 인간의 삶에 미치는 깊은 영향을 몸소 경험했습니다. 그 후 축구계에서 다양한 역할을 맡으며 축구가 단순한 스포츠 이상의 의미를 지닌다는 것을 깨달았어요. 『스포츠 인문학 수업』은 스포츠가 단순히 신체 활동을 넘어 인간의 삶과 문화 그리고 정신에 어떤 영향을 미치는지 깊은 통찰을 제공합니다. 스포츠는 개인의 성장과 팀워크, 리더십을 기르는 데 큰 역할을 해요. 그래서 우리는 인내와 도전정신 그리고 승리와 패배의 가치를 배우게 되죠. 이 책은 이러한 가치를 인문학적 관점에서 풀어내 스포츠가 어떻게 우리의 삶을 풍요롭게 하고, 더 나은 사회를 만드는 데 기여할 수 있는지에 대해 이야기합니다. 『스포츠 인문학 수업』은 스포츠를 사랑하는 모든 이에게 새로운 시각을 제공하고, 나아가 인생의 다양한 측면에서 균형을 찾을 수 있는 귀중한 안내서가 될 것입니다.

– 최순호(수원FC 단장)

드디어 모든 청소년에게 읽히고 싶은 스포츠 교양서를 만났습니다! 『스포츠 인문학 수업』은 스포츠를 새로운 시각으로 바라보게 하며 읽는 스포츠의 매력을 선사합니다. 이 책은 스포츠가 단순한 신체 활동을 넘어 인간의 정신과 감정에 깊은 영향을 미친다는 사실을 잘 보여 주며 어떻게 우리 삶에 깊숙이 스며들어 있는지 깨닫게 해요. 그리고 스포츠와 인문학이 만나 우리의 일상에 미치는 영향을 다룹니다. 스포츠로 배울 수 있는 인내, 끈기 그리고 자기 극복의 이야기는 여러분에게 큰 영감을 줄 거예요. 재미있고 감동적인 스포츠 이야기로 성장과 자기 발견의 기쁨을 느껴 보길 바랍니다. 나아가 모든 연령대의 독자들에게 이 책을 추천하고 싶어요. 스포츠를 사랑하는 사람뿐만 아니라 삶의 다양한 측면에서 성장을 추구하는 모든 이가 새로운 통찰과 영감을 얻을 수 있기 때문입니다.

– 엄혁주(경기도교육청 장학사)

스포츠는 우리의 심장을 누런거리게 하고 삶에 에너지를 불어넣는 뜨거운 열정의 무대입니다. 저는 트랙 위에서 느꼈던 그 뜨거운 열정과 끈기로 많은 것을 배웠어요. 마찬가지로 『스포츠 인문학 수업』도 스포츠가 주는 강렬한 힘을 깊이 탐구한 멋진 책입니다. 이 책은 스포츠와 인문학이 어떻게 만나 우리의 삶을 더 풍요롭고 의미 있게 만드는지를 생생하게 보여 줘요. 스프린터의 폭발적인 출발처럼 이 책은 여러분에게 새로운 시각과 열정을 선사할 거예요. 스포츠가 단순한 경기나 신체 활동을 넘어서 우리 정신과 사회에 얼마나 큰 영향을 미치는지를 흥미진진하게 풀어내고 있답니다.

– 여호수아(인천 아시안게임 메달리스트)

우리는 스포츠로 인류의 역사와 문화를 배우고, 스포츠 미디어로 문화적 아이콘이 탄생하는 과정을 목격합니다. 이는 집단 정체성을 형성하고 다양한 문화를 교류하는 귀중한 경험이 돼요. 『스포츠 인문학 수업』은 이러한 스포츠의 원초적인 힘을 느끼도록 돕고, 스포츠가 어떻게 사회문제를 이해하고 해결하는 데 기여할 수 있는지 보여 줘요. 이 책은 여러분에게 스포츠가 단순한 게임을 넘어서 우리의 삶과 어떻게 연결되는지를 폭넓게 이해할 수 있는 기회를 제공합니다.

– 조수진(경기도교육청 여학생체육활성화연구회 회장)

삶을 반영하는
스포츠라는 작은 사회

우리는 왜 스포츠에 열광하는 걸까요? 왜 경기를 보며 눈물을 흘리고 환호성을 지를까요? 스포츠는 그저 누가 이길지를 겨루는 경기만을 뜻할까요, 아니면 그 이상의 의미가 있는 걸까요?

  이 질문들의 답은 스포츠가 우리 삶 속에 깊이 뿌리내린 이유에서 찾을 수 있습니다. 스포츠 속 승리의 기쁨과 패배의 슬픔, 도전의 설렘과 좌절의 아픔은 우리가 일상에서 느끼고 경험하는 것들과 매우 가까이 닿아 있어요. 매번 트로피를 들어 올리는 승리의 순간만 만끽할 수 없듯이 우리의 삶도 도전과 어려움으로 가득합니다. 스포츠는 이러한 일상의 감정과 경험을 고스란히 반영하며 우리에게 큰 울림을 주는 작은 사회라고 볼 수 있어요.

스포츠는 공정한 경쟁, 도전, 끈기 같은 중요한 가치를 가르쳐 줍니다. 예를 들어 권투선수 무하마드 알리가 베트남전쟁을 위한 징집을 거부하며 인종차별에 반대했던 용기나, 1936년 베를린 올림픽의 금메달리스트인 손기정 마라톤선수가 시상식에서 유니폼의 일장기를 가리며 드러낸 일제 치하에 대한 저항에서 그 가치는 더욱 빛납니다. 그리고 우리는 스포츠로 자신의 한계를 시험하고 목표를 향해 나아가는 과정에서 보람과 성취감을 느낄 수 있어요. 이처럼 스포츠는 단순하게 승패를 가리기 위해 치르는 게임 이상의 의미를 지니고 있답니다.

스포츠의 역사를 살펴보면 수많은 사건으로 드러나는 희로애락, 그리고 이를 만들어 나가는 사람들의 이야기로 가득합니다. 고대 올림픽은 당시 그리스 사회의 가치와 이상을 반영했고, 현대 올림픽은 세계 평화와 인류애를 상징하죠. 1996년 애틀랜타 올림픽에 출전한 이봉주 마라톤선수의 투지와 노력은 금메달만큼 은메달도 값지다는 사실을 알려 줬고, 2002년 한일 월드컵에서 대한민국 국가대표팀이 보여 준 활약은 우리 모두에게 큰 기쁨과 자부심을 선물했어요. 거리마다 울려 퍼진 응원의 함성은 스포츠가 사람들을 하나로 묶는 강력한 힘을 가지고 있다는 걸 증명했습니다. 이것이 바로 스포츠의 힘이고 스포츠 이야기가 지닌 가치입니다.

그런데 이러한 이야기를 전달하는 것은 스포츠 미디어예요. 전 세계에서 벌어지는 스포츠 현장의 결과와 뒷이야기를 온갖 매체가 쏟아 내며 스포츠의 매력을 더욱 돋보이게 해 주죠. 그리고 스포츠와 과학의 만남도 중요한 주제입니다. 오늘날 스포츠는 과학기술의 발전과 밀접하게 연결돼 있어요. 최신 훈련법과 장비를 사용해 운동선수들은 자신의 한계를 극복하고, 스포츠 의학과 생리학은 선수들의 성과를 극대화하는 데 도움을 주고 있어요.

　이 책은 스포츠 역사의 한 페이지를 장식한 선수들의 저항과 인내, 투혼, 정신, 문화 등의 이야기를 소개하며 그 안에 담긴 가치와 교훈을 전달해요. 그리고 스포츠 소식을 전달하는 미디어와 선수들의 경기력 향상을 위한 과학의 노력들을 전해 주고 있답니다. 이 이야기들로 여러분이 스포츠를 새로운 시각에서 바라보고, 그것이 지닌 가치를 더 많이 발견할 수 있으면 좋겠어요. 직접 선수가 돼 경기장을 누비고 스포츠를 관람하며 그 열기를 즐기는 것도 좋지만, 스포츠 속 흥미진진하고 무궁무진한 이야기를 알아 가며 스포츠를 새롭게 경험하는 것도 정말 유익하고 재밌거든요.

　자, 이제 여러분에게 스포츠 이야기보따리를 풀어놓겠습니다. 자신만의 스포츠 이야기를 더욱 깊이 있게 만들어 나갈 수 있기를 기대하며, 스포츠와 함께 세상을 탐구하고 지혜를 나누는 여정을 시작해 봐요!

강현희

목차

1장 궁금증이 풀리는 세계 스포츠의 역사와 문화

2장 난생처음 만나는 한국 스포츠의 역사와 문화

3장 세상을 아름답게 빛낸 스포츠맨십의 주인공들

4장   스포츠를 변화시키는 미디어의 힘

5장   스포츠 속 숨겨진 놀라운 과학이론과 기술

1장

궁금증이 풀리는
세계 스포츠의 역사와 문화

Q1. 소속팀을 상대로 소송을 제기한 최초의 축구선수는 누굴까?

스포츠 역사에서 꼽을 만한 짜릿한 승리의 순간은 무척 많습니다. 그런데 스포츠 역사상 모든 스포츠 선수에게 가장 의미 있는 승리는 벨기에의 축구선수 장마르크 보스만Jean-Marc Bosman이 소속팀을 상대로 재판에서 이긴 순간일 것입니다. 왜냐하면 공식적으로 스포츠 선수의 권익 보호에 손을 들어 준 승리의 판결이기 때문이죠. 사실 경기에 출전하는 선수가 자신의 권익 보호를 위해 부당한 대우에 저항하는 일은 아주 오래전부터 있었어요. 그중 가장 유명한 인물은 고대 로마시대의 검투사 노예 스파르타쿠스입니다.

어느 날 검투사에 대한 혹독한 대우에 불만이 많았던 스파르타쿠스는 자신의 운명을 바꾸기로 단단히 결심했어요. 노예 생활에 너무 지쳐 있었기에 자유를 찾아 떠나기로 한 거죠. 생각대로 탈출이 만만치는 않았지만 탈출에 성공해 함께하는 동지들과 산적 생활을 이어 갔어요. 로마의 위정자들은 이렇게 산적 떼로 변한 노예들을 잡기 위해 군대를 동원했어요. 그런데 단순한 산적이라고 얕봐서 그런지 스파르타쿠스가 이끄는 무리를 진압하지 못하며 패전을 거듭했답니다. 그는 전투 때마다 용기를 내 다른 노예들에게 "자유를 주겠노라!"라고 약속하며 전투력을 끌어올렸어요. 그의 용기로 노예들은 계속 희망을 얻으며 로마제국에 용맹하게 맞서며 뒤흔들 수 있었던 거죠.

현대판 스파르타쿠스는 스포츠선수협회

현대 스포츠 세계에도 선수들이 자신에 대한 부당한 대우에 분노를 느끼고 저항한 이야기가 있습니다. 선수들 스스로가 조직을 만들어 종목별 연맹이나 상급 기관에 맞서는 거죠. 대표적으로 국제축구선수협회 FIFPRO, 미국프로야구선수협회 MLBPA, 일본프로야구선수협회 JPBPA가 있습니다. 이들은 선수의 계약, 임금, 연금, 혹사 등의 문제에 적극적으로 개입하며 목소리를 높이고 있어요. 선수를 위한 제도 개선에 앞장서고, 연맹이 새롭게 만드는 규칙과 제도에 반대하거나 찬성하는 등의 의사결정을 보여 주며 스포츠 선수의 권익 개선을 위해 노력 중이랍니다.

우리나라에서는 한국프로야구선수협회_{KPBPA}가 대표적인 선수 권익 단체라고 볼 수 있어요. 다만 우리나라 법원은 스포츠선수협회를 아직 노동조합_{노동조건의 유지, 개선 등을 목적으로 노동자들이 주체가 돼 조직한 단체}으로 인정하고 있지 않습니다. 왜냐하면 프로스포츠 선수를 노동자로 보지 않기 때문이에요. 프로스포츠 선수는 연예인과 마찬가지로 소득세법상 개인사업자로 분류된답니다. 특히 프로구단들은 연봉 지급 기준을 1년이 아닌 10개월로 잡는데, 이는 소속 선수가 노동자로 분류되지 않기 위해 갖은 편법을 동원한 것으로 볼 수 있어요. 노동자로 보면 퇴직금, 각종 보험료 등을 구단에서 부담해야 하거든요. 큰 연봉을 받는 소수의 선수야 괜찮겠지만 연봉이 작은 다수의 선수에게는 충분히 문젯거리가 될 수 있습니다.

모든 선수를 위한 승리, '보스만 룰'

오늘날 축구선수에게는 에이전트_{agent, 연봉 협상, 광고 계약, 이적 등에 관한 업무를 처리해 주는 법정대리인}가 있어요. 그런데 과거에는 구단이 소속 선수를 소유물처럼 취급해서 계약기간이 끝나도 마음대로 다른 팀으로 이적하기가 어려웠습니다. 물론 지금이라면 구단의 갑질로 여기겠지만 그 당시에는 선수에게 권리가 없었던 거죠.

그러던 중 축구선수 보스만이 벨기에 리그의 소속팀 'RFC 리에주'

현역 시절에 리에주 소속 선수로 뛰던 보스만의 모습.

와 계약만료를 앞두고 있었는데, 소속팀이 기존 급여보다 4분의 1을
깎는 조건으로 재계약을 제안하자 거절한 뒤 프랑스 리그의 'USL 됭
케르크' 구단으로 이적을 원하는 일이 생겼어요. 그러자 리에주는 됭
케르크에 이적료로 한화 약 5억 원에 달하는 50만 유로를 요구했습
니다. 됭케르크는 100년에 달하는 구단 역사에서 한 번도 1부리그
로 승격한 적이 없었고, 홈구장도 겨우 4,200명 정도 수용할 수 있었
으니 수익 구조가 탄탄하지 못했기에 50만 유로는 정말 큰 금액이었
어요. 더구나 당시에는 외국인 선수를 3명으로 제한하는 제도까지
있었기에 됭케르크는 보스만 영입에 부담을 느껴 결국 영입을 철회
했어요.

　원소속팀의 동의 없이 이적하려고 했던 이러한 보스만의 행동에

화가 난 리에주는 그의 급여를 75%나 삭감하고 출전 기회도 잘 주지 않았어요. 여기에 불만을 느낀 보스만은 유럽사법재판소에 소송을 제기합니다. 이 소송에 앙심을 품은 리에주는 그에게 출장정지 징계까지 주며 괴롭혔어요. 이렇게 보스만은 법정 싸움에 몰입하느라 선수 생활을 잘할 수가 없었어요. 그리고 길고 긴 법정 공방 끝에 유럽사법재판소는 보스만의 손을 들어 줍니다.

판결문에는 두 가지를 명시하며, 이것이 그 유명한 '보스만 룰Bos-man Ruling'로 불린답니다. 간단히 정리하면 축구선수는 계약기간 만료 6개월 전부터 다른 팀과 자유롭게 이적 협상을 공식적으로 할 수 있고, 유럽 선수는 유럽 내 구단들에서 외국인으로 취급받지 않고 제한 없이 이적할 수 있다는 내용입니다. 이 보스만 룰을 축구계가 받아들이면서 오늘날 슈퍼스타들이 자유계약선수FA제도를 활용해 많은 돈을 벌 수 있고, 기존의 견고했던 구단과 선수의 갑을관계가 완전히 뒤바뀌게 됐답니다.

저항의 의미와 유산

우리는 항상 용기를 가져야 하고 꿈을 향해 모험을 떠나야 한다는 걸 기억해야 합니다. 스파르타쿠스의 대모험은 우리에게 그런 가르침을 전달해 주는 소중한 이야기예요. 하지만 모험 중에는 항상 어려움이 찾아오듯이 스파르타쿠스와 그의 동료들 또한 최후의 결전을 치르고 처형당하게 됩니다. 그러나 부당한 대우에 저항하며 자신의 운명을 바꾸려던 그들의 용기와 희망은 영원히 기억될 거예요. 더불어 보스만이 보여 준 끈기와 용기는 오늘날 수많은 선수에게 부와 명예를 전달해 줬지만, 정작 자신은 임박한 은퇴로 어떤 혜택도 받지 못했답니다.

스파르타쿠스의 저항과 보스만의 용기로 오늘날 스포츠 사회는 많은 유산을 받았지만 여전히 풀어야 할 숙제도 많아요. 우리나라에서는 스포츠 인권이 더욱더 발전하기 위해 선수협회가 노동조합으로 법적인 인정을 받아야 하고, 미국 프로야구리그인 메이저리그처럼 선수들을 위한 연금제도를 도입해 선수의 미래와 인권을 보장해야 하겠습니다.

Q2. 노장 알리는 어떻게 무패행진 포먼을 이겼을까?

스포츠는 종종 약팀이 강팀을 이기거나 예상치 못한 지략으로 상대를 격파하는 모습을 보여 주며 우리에게 다양한 전략과 그 중요성을 알려 줍니다. 고대 그리스신화에서도 힘과 전략의 대결을 잘 보여 주는 사례가 있어요. 호메로스의 서사시 〈일리아스〉에 나오는 아약스와 오디세우스의 레슬링경기는 트로이전쟁 중 펼쳐진 유명한 이야기로, 영웅 파트로클로스의 장례 경기에서 이들이 겨룬 모습이 그려진답니다. 이 경기는 현대 레슬링보다 우리나라의 민속씨름과 유사하며 허리띠를 붙잡고 힘을 겨루는 방식으로 진행됐어요.

그들의 레슬링경기는 매우 치열했어요. 아약스는 엄청난 힘에 의존했지만, 오디세우스는 뛰어난 지능과 교활함으로 맞섰죠. 오디세우스는 아약스를 속여 균형을 잃게 만들어 결국 아약스의 어깨를 땅에 닿게 해 승리했어요. 이 승리는 아가멤논 왕과 그리스 지도자들에게 인정받았고, 아약스는 정당한 승자인 오디세우스에게 소가죽 방패를 선물했답니다. 이 경기는 힘과 전략을 대조하는 또 다른 이야기인 성경 속 다윗과 골리앗의 대결도 떠올리게 하죠. 이렇듯 전략이 힘을 이기는 장면은 보는 이로 하여금 스포츠의 놀라움과 즐거움을 선사하는데요. 1974년도에 있었던 '정글의 대소동The Rumble in the Jungle'이라 불리는 세기의 권투 대결도 전략의 중요성을 알려 주는 빼놓을 수 없는 경기랍니다.

한물간 알리의 도전

1974년 콩고의 수도 킨샤사에서 열린 WBC · WBA세계권투평의회·세계권투협회 세계 헤비급 챔피언전은 무하마드 알리Muhammad Ali와 조지 포먼George Foreman의 대결로 권투 역사상 중요한 경기 중 하나로 손꼽힙니다. 당시 포먼은 24세로 압도적인 챔피언이자 역사상 최고의 헤비급 선수로 평가받고 있었어요. 그는 알리와의 경기에 앞서 1964년 도쿄 올림픽 금메달리스트 조 프레이저를 6번이나 다운시키며 2라운드 KO 승리를 거두는 등 절정의 기량을 자랑했거든요. 반면 32세의 알리는 베트남전쟁 징병 거부로 4년간 선수 자격을 박탈당해 신체적 전성기를 놓친 상태였어요. 알리는 강펀치가 아닌 순발력과 민

첩성으로 싸우던 전형적인 아웃복싱_{상대와 거리를 유지하면서 빠른 발놀림과 긴 사정}
_{거리를 활용해 경기를 운영하는 전략}형 선수였으나 나이가 들면서 이러한 능력도
점차 쇠퇴하고 있었죠.

그러나 알리는 이러한 불리한 조건에도 불구하고 언제나 자신감
넘치는 모습으로 경기를 준비했습니다. "난 지난주에 돌을 죽여 버
리고 바위를 박살 내고 벽돌을 병원으로 보내 버렸어!", "난 너무 빨
라서 어제는 스위치를 내리고 불이 꺼지기도 전에 침대에 들어갔지"
같은 트래시토크_{상대 선수를 방해하기 위해 내뱉는 말}를 서슴지 않으며 자신감을
표출하고 포먼을 심리적으로 압박했어요.

포먼이 지치길 기다린 알리

경기를 앞두고 알리는 도발과 언론플레이를 적극 활용했어요. 그는
특유의 재치 있는 발언으로 포먼의 심기를 건들고 자신의 전략을 감
췄죠. "난 너무 빨라! 링 위에서 댄스를 보여 주마. 포먼은 날 볼 수도
때릴 수도 없을 거라고!" 이러한 말들은 상대를 혼란스럽게 하고 자
신이 어떤 전략을 사용할지 예상하기 어렵게 만들었어요.

특히 'Rope-a-dope_{로프어도프}' 전술이 기가 막히게 먹혔는데요. 경
기 시작 후 알리는 예상과 달리 로프에 기대 포먼의 공격을 흡수하
는 전술을 사용했습니다. 이는 알리가 처음 만든 전술로 로프의 신축

력과 반동을 이용해 상대의 타격을 흡수하고 지치게 만드는 전략이었어요. 1라운드에서 경쾌하게 움직였던 알리는 갑자기 후진하며 로프에 기대 포먼의 펀치를 받아 냈어요. 관중들은 알리가 미쳤다고 생각했으나 이는 포먼을 지치게 하려는 치밀한 계획이었죠. 알리는 포먼이 무모하게 공격하도록 유도하면서 로프에 기댄 채 포먼의 강편치를 흡수했습니다. 이 과정에서 포먼은 지쳐 갔고 알리는 때때로 반격하며 포먼을 더욱 혼란스럽게 만들었습니다.

6라운드부터 지친 모습을 보인 포먼은 8라운드에 들어와 탈진에 가까운 상태가 됐어요. 그렇게 8라운드 후반 알리에게 결정적인 순간이 다가왔죠. 그는 코너에 몰린 상황에서 포먼의 공격을 피하며 반격을 시작했습니다. 8라운드 종료 20초 전, 알리는 포먼의 그로

알리(오른쪽)의 펀치를 맞고 쓰러지는 포먼(왼쪽).

기 groggy, 권투경기에서 심한 타격을 받아 몸을 가누지 못하고 비틀거리는 일 상태를 확신하고 재빠르게 포먼의 턱에 정확한 펀치를 날렸어요. 포먼은 그대로 무너졌고, 알리는 KO 승리를 거뒀습니다.

경기 내내 로프에 기대 포먼이 지치길 기다린 알리는 포획할 때를 기다리며 움츠려 있다가 달려드는 사자처럼 마지막 순간에 결정적인 펀치를 날려 승리를 거머쥔 거죠. 경기 후 알리는 유명한 말을 남겨요. "헤비급 권투선수가 로프에 기대는 것은 아름다운 일입니다."

지혜와 용기의 스포츠 전략

알리의 전략은 『손자병법』의 「시계」 편에서 말하는 '병자궤도야兵者詭道也'와 유사합니다. 즉, 전쟁에서는 속임수와 기이한 꾀를 써야 한다는 가르침처럼 알리는 포먼을 속여 지치게 만들고 최적의 순간에 반격했습니다. 포먼이 알리의 전략을 알았다면 결과는 달라졌을지도 모르죠.

현대 스포츠에서도 이러한 전략은 빈번하게 사용돼요. 축구경기에서 전반전과 후반전의 전략이 다른 것처럼 상대의 강약에 따라 대응을 달리하는 것이 중요합니다. "적의 전투태세가 튼튼하면 대비하고, 적이 강성하면 충돌을 회피한다"는 『손자병법』의 가르침처럼요. 알리의 전술은 단순히 힘을 힘으로 맞서는 게 아닌 인내심을 갖고 상대의 약점을 파고드는 치밀한 지략이었어요. 이는 오늘날 스포츠 선수들에게도 영감을 주고 있으며 스포츠 전략의 중요성을 일깨웁니다.

그리고 알리의 승리는 압도적으로 불리한 상황 속에서도 포기하지 않는 그의 의지와 정신력을 보여 주는 상징적인 경기로서, 인간의 지혜와 용기를 시험하는 무대가 곧 스포츠라는 사실도 되새길 수 있답니다.

언제부터 사람들은
스피드에 열광하기 시작했을까?

오늘날 세계적으로 인기 있는 대형 스포츠 이벤트들은 '동·하계 올림픽', 'FIFA국제축구연맹 월드컵', '세계육상선수권대회' 그리고 'F1Formula 1 그랑프리'입니다. 특히 F1 그랑프리는 1950년에 시작됐고, 매년 보통 3월부터 10월까지 스페인·프랑스·영국·독일·헝가리·호주·일본 등 대륙을 오가며 21차례 경기를 펼친 뒤 점수를 합산해 종합 우승자를 가리는 방식으로 진행된답니다. 그 열기는 월드컵이나 올림픽 못지않으며 스피드에 열광하는 마니아들에게 최고의 인기를 얻고 있어요.

그러면 많은 현대인을 매료하고 열광하게 만든 스피드 경기는 언제부터 시작됐을까요? 이 답을 알아보기 위해 고대 로마시대를 여행해 보겠습니다.

고대 로마인이 사랑한 전차경주

고대 로마 사람들은 현대의 자동차경주라 볼 수 있는 전차경주를 즐겼어요. 전차경주는 로마제국 내 다양한 경기장에서 열렸고 검투경기와 함께 인기 있는 스포츠 중 하나였습니다. 로마인들은 특히 '키르쿠스 막시무스Circus Maximus'라 불리는 초대형 경기장에서 열리는 화려한 전차경주에 열광했어요.

약 1만 명의 관중만 수용할 수 있던 초기의 경기장은 율리우스 카이사르 집권기에 15만 석으로 증축됐고, 네로 황제 때는 25만 석의 초대형 경기장으로 확장됐어요. 9만 명 정도만 들이면 대형 경기장

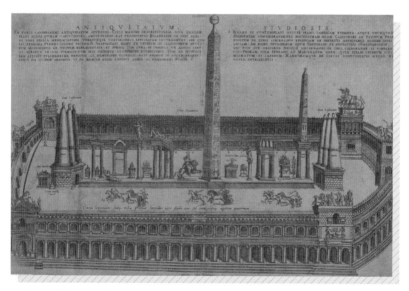

고대 로마제국의 초대형 전차경주장인 키르쿠스 막시무스.

으로 여길 수 있는 지금과 비교해 볼 때 상상하기도 힘든 규모였던 거죠. 당시의 경기장 크기는 길이 621m, 폭 118m, 높이 35m에 달했는데 이를 오늘날 평수로 환산하면 22,166평이에요. 현대 축구장이 최소 8개에서 최대 12개까지 들어가는 큰 경기장을 전차경주를 위해 만든 것이죠.

경주 시작 전에는 다양하고 재미있는 공연이 진행됐고 황제만을 위한 전용석도 있었어요. 오늘날 개막 행사가 열리고 VIP는 따로 마련된 전망 좋은 자리에서 관람하는 것과 비슷합니다. 황제의 지시로 경기가 개최되면 경기장 주변에 진을 치고 있던 전차선수단이 웅장한 함성을 지르며 경기장에 입장하고, 그들을 도울 마구간지기, 마부, 대장장이 등의 노예 행렬도 함께했어요.

보통 전차는 말 4마리가 끌었는데 관중들은 경주마에 특히 관심이 컸어요. 오늘날 우리가 여러 선수의 정보를 찾아보듯이 말의 혈통은 좋은지 나쁜지, 어디서 태어났는지, 무슨 훈련을 받았고, 전적은 어떠한지 등의 다양한 정보를 수집할 정도로 궁금증이 컸어요.

위험할수록 커지는 환호성

전차경주는 매우 위험한 스포츠였어요. 경쟁하는 전차들을 공격하기 위해 무기를 장착했기 때문인데요. 특히 상대 전차의 바퀴를 망가

뜨리는 공격을 많이 했다고 합니다. 지금도 여러분이 즐겨 하는 온라인 레이싱게임 카트라이더에서 볼 수 있는 공격형 아이템이 연상되는 장면이죠. 그리고 여러 전차가 같이 커브를 돌 때면 전복되지 않기 위해 서로가 바짝 붙어 달리면서 사고가 자주 발생했어요. 경쟁하는 전차의 공격을 받거나 원심력을 이기지 못해 전차에서 낙마하는 사고가 빈번했고, 낙마한 선수들은 옆 전차나 뒤 전차에 치여 몸이 반으로 잘릴 정도로 잔인하고 위험한 경기였답니다.

이러한 위험을 용기 있게 감수해서 거머쥔 승리는 관중들에게 큰 인상을 남겼고, 그들은 끔찍한 사고가 일어날 때마다 환호성을 지르고 즐거워했어요. 군중심리가 얼마나 잔인해질 수 있는지 알 수 있는 대목입니다. 오늘날에도 F1 그랑프리의 끔찍한 사고 장면만 모아 편집한 SNS 영상에 수십만 명이 '좋아요'를 누르고 조회수가 4,000만 회가 넘을 정도로 인기가 있죠. 이는 인간의 본성 중 잔인함을 확인할 수 있는 현상입니다.

스피드로 깨닫는 인간의 본성

이렇게 스피드에 대한 사람들의 열광은 오래전 고대 로마의 전차경주에서 현대의 F1 그랑프리에 이르기까지 변함없이 이어져 오고 있는데요. 이는 스피드가 주는 짜릿함뿐만 아니라 그 속에 숨어 있는 위험과 긴장감 때문이에요. 우리는 위험으로 가슴을 졸이는 가운데 역설적으로 스릴을 만끽해요. 전차경주에서의 끔찍한 순간이나 F1 그랑프리에서 발생하는 무시무시한 사고 장면에 사람들이 열광하는 이유가 바로 여기에 있는 거죠.

여러분 역시 그동안 SNS로 잔인한 사고 영상에 쉽게 노출되며 무의식적으로 위험을 즐기는 본성에 매료되고 있었을 거예요. 그래서 우리는 스포츠를 단순한 오락으로만 보지 말고 그 이면에 숨겨진 인간 본성에 대한 이해와 성찰이 필요하답니다. 스피드가 주는 짜릿함과 위험 사이에서 인간의 본성과 한계를 직면하게 되고, 위험을 넘어선 승리의 순간에서는 진정한 용기와 도전정신이 무엇인지 배우게 돼요.

용기란 단순히 무모하게 위험을 감수하는 게 아니라 그 위험 속에서도 자신을 시험하고 극복해 나가는 과정이라 볼 수 있어요. 이로써 우리는 역경이 찾아와도 포기하지 않는 도전정신을 배우며, 자신의 한계를 넘어서는 진정한 성취의 기쁨을 경험하게 됩니다.

Q4. 트로피가 원래는 패배를 뜻하는 기념물이었다고?

여러분도 집안 곳곳에 트로피들을 자랑스럽게 전시해 뒀나요? 우리는 피아노 콩쿠르, 미술 실기대회, 독후감 공모전, 축구대회, 태권도 승급심사 등 다양한 대회에서 트로피를 받아 옵니다. 이런 트로피들은 우리가 얼마나 열심히 노력했는지, 얼마나 멋진 성과를 이뤘는지 보여 주는 상징적인 물건이기에 장식장에 잘 간직하고 있을 거예요. 그런데 여러분은 모은 트로피를 보며 이런 트로피는 언제 만들어졌고, 어떻게 승리를 상징하는 물건이 됐는지 생각해 본 적 있나요? 승리의 상징인 트로피가 사실은 원래 패배를 뜻하며 무서운 이야기를 담고 있다는 것을 알게 되면 깜짝 놀랄지도 몰라요.

트로피에 담긴 무서운 의미

영어사전에 트로피trophy를 검색해 보면 '전리품'이라는 단어가 나옵니다. 전리품이라는 말은 '전쟁 때 적에게서 뺏은 물건, 사람, 식량 등'을 뜻하는데요. 고대 야만인들은 적의 아내와 자식까지 빼앗아 하녀나 노예로 팔아 버리기도 했는데, 이런 상황을 '전리품을 취했다'라고 말합니다. 그리 좋은 말은 아니죠? 놀랍게도 트로피의 어원을 조사하다 보면 고대 전쟁터에서 빼앗은 전리품에서 시작됐다는 걸 알 수 있답니다. 오래전 도시 간에 전쟁이 벌어지면 승자는 패자의 지역에 트로파이온tropaion, 패배이라고 부르는 기념물을 세웠는데, 이 단어가 바로 지금의 트로피로 불리게 됐어요.

고대 그리스인들은 전쟁에서 적들을 물리치며 얻게 된 적의 갑옷, 방패, 칼 등을 쌓아 다음 승리를 얻기까지 그대로 뒀다고 해요. 이렇게 쌓은 전리품이 적에게는 패배의 상징이 되고, 승자에게는 승전의 상징이 됐기 때문이에요. 전사들은 다음 출정을 준비하며 전리품이 쌓인 곳에서 전의를 다지고 정신을 무장했답니다.

한편 로마인들도 그리스 사람들의 이러한 전통을 좋게 여기고 따라 하기 시작했어요. 그런데 전리품을 전쟁터가 아닌 로마 시내에 높은 기둥 모양의 기념물로 만들어 세웠어요. 사람들이 많은 도시에 있으면 정치적으로 활용할 가치도 높았고, 승전고를 울린 장군과 정권을 알리는 데 큰 도움이 됐기 때문이죠. 대표적으로 로마 황제 트라야누스가 루마니아를 정복한 기념으로 '트라야누스 원주Trajan's Column'를 세웠는데, 이것이 오늘날의 트로피 모양과 유사하답니다.

우승을 상징하게 된 컵

시간이 흘러 1699년 뉴잉글랜드에서 열린 경마대회에 처음으로 은으로 만든 컵 형태의 우승 기념품이 제작되면서 지금 우리가 알고 있는 트로피의 모습이 완성됐어요. 이 컵은 스포츠뿐만 아니라 각종 경쟁에서 우승을 기념하는 물품으로 자리 잡았고, 어떤 선수들은 이

2018년 러시아 월드컵에서 우승한 프랑스 국가대표팀의 트로피 세리머니.

컵에 맥주나 샴페인을 따라 마시며 기뻐한답니다.

트로피는 단순히 물리적인 상품의 가치를 넘어서 스스로 세운 목표를 달성했다는 것을 보여 주는 심리적인 상징이기도 해요. 그래서 트로피는 우리가 더 큰 목표에 도전하도록 영감을 준답니다. 특히 스포츠 시상식에서 우승팀은 주장이 대표로 트로피를 머리 위로 힘차게 들어 올리며 포효하는 세리머니를 한답니다. 여기서 '들어 올림'은 목표를 달성한 기쁨을 표출하는 방식이에요. 트로피를 힘껏 들어 올림으로 '나는 해냈다!' 또는 '우리는 해냈다'라고 표현하는 것이고 성취감을 드러내는 최고의 장면이라 볼 수 있습니다.

동기부여의 집합체

오늘날 트로피는 스포츠계를 넘어 예술계, 학술계 등 다양한 분야에서 그 의미를 넓혀 가고 있어요. 우승컵, 메달, 조각상 등 여러 형태의 트로피는 우리에게 큰 자부심과 성취감을 줍니다. 트로피는 우리의 노력과 헌신을 인정받는 중요한 기념품이죠.

특히 유명한 선수들의 트로피 이야기는 우리에게 큰 영감을 줍니다. 예를 들어 농구선수 마이클 조던은 항상 NBA미국 프로농구리그 우승 트로피를 보며 최선을 다했어요. 1996년 NBA 결승전에서 그는 이전에 얻은 트로피들을 생각하며 경기에 임했고, 그 결과 소속팀 시카고 불스는 우승을 차지하게 됐죠. 조던은 트로피를 들어 올리며 "이 순간을 위해 얼마나 노력했는지 말로 표현할 수 없어요"라고 말했답니다. 그리고 손흥민 선수의 이적설이 매년 나오는 것도 그가 수집한 트로피가 없기 때문이에요. 언론들은 손흥민 선수가 트로피를 간절히 원하기에 더 강한 팀으로 이적할 것으로 예측하죠. 더불어 손흥민 선수의 영혼의 단짝이라 불리는 해리 케인 선수가 독일 분데스리가의 FC 바이에른 뮌헨으로 이적한 것도 트로피에 목말라 있었기 때문이에요. 그만큼 트로피는 목표 달성을 의미하고 성취감을 드러내며 강력한 동기부여로 작용해요.

이렇게 트로피는 누구에게나 삶의 목표와 도전을 상기시키는 중요한 역할을 해요. 덕분에 우리는 더 큰 목표를 세우고 이를 향해 나아갈 수 있는 용기와 열정을 얻게 됩니다. 그래서 트로피는 단순한 승리의 기념품이 아니라 여러분의 성장과 발전의 과정을 보여 주는 특별한 상징이에요. 자, 그럼 다음 트로피를 꿈꾸며 여러분도 오늘 힘차게 도전해 봐요!

스포츠팀 유니폼의
색상은 어떻게 정해질까?

어느 화창한 봄날 북런던의 한 카페에 빨간색 티셔츠를 입고 들어간 한 여행자는 분위기가 단숨에 싸늘해지는 것을 느꼈어요. 단지 자신이 좋아하는 색의 옷을 입었을 뿐인데 말입니다. 그 이유를 알고 보니 그는 하얀색 유니폼의 토트넘 홋스퍼 FC 팬들이 자주 모이는 카페에 아스널 FC를 상징하는 빨간색 티셔츠를 입고 들어갔기 때문이었어요. 여행자는 특정 지역과 맞지 않는 옷 색상 때문에 난감하고 차가운 경험을 한 것이죠.

토트넘과 아스널뿐만 아니라 유니폼 색상으로 대비되는 예는 많습니다. 남색과 빨간색이 섞인 유니폼을 가진 FC 바르셀로나의 연고지가 위치한 스페인 카탈루냐 지역에서 레알 마드리드를 상징하는 하얀색 옷을 입고 다닌다고 생각해 보세요. 냉담하고 뭔가 사고가 터질 듯한 느낌을 받을 수 있을 거예요. 대체 축구팬은 유니폼 색상에 왜 이렇게 예민한 걸까요?

왕권 대결을 반영하는 로즈 더비

2021년 8월 14일 영국 스포츠신문들은 맨체스터 유나이티드 FC와 리즈 유나이티드 FC의 팬들이 쓰레기통과 의자를 들고 싸운 사건을 보도했습니다. 이 사건은 팬들의 단순한 충돌이 아니라 두 도시와 축구팀 간의 오랜 경쟁을 상징하는 사건이었어요. 이 싸움은 중세의 장미전쟁에서 출발한 오늘날 로즈 더비의 일부로 볼 수 있습니다. 양 팀 선수들이 경기장에서 진짜 전쟁을 치르는 동안 팬들 역시 그 열기를 느끼며 함께 싸웠던 거죠.

팬들 간의 이런 다툼을 이해하기 위해서는 15세기로 거슬러 올라가야 합니다. 중세 영국에서는 랭커스터 가문과 요크 가문이라는 두 강력한 가문이 왕위를 차지하기 위해 내전을 벌였는데요. 이 내전이 장미전쟁War of the Roses, 1455~1485년으로 불렸어요. 그 이유는 랭커스터 가문이 붉은 장미를, 요크 가문은 흰 장미를 상징으로 사용했기 때문이에요. 그리고 이 갈등이 오늘날 맨체스터 유나이티드와 리즈 유나이티드 간의 경기에 그대로 이어져 두 팀의 대결을 '로즈 더비Roses derby'라고 부르게 됐답니다.

맨체스터 유나이티드의 빨간색 유니폼은 랭커스터 가문과의 연관성에서 비롯됐어요. 장미전쟁에서 빨간 장미를 사용한 랭커스터 가문은 랭커셔 지역에 뿌리를 뒀는데 그 지역에 과거 맨체스터 도시가 있었어요. 그래서 맨체스터 유나이티드는 빨간색을 유니폼 색상으로 사용하게 됐고 이는 열정과 투지를 상징합니다. 마찬가지로 리즈 유나이티드의 하얀색 유니폼은 요크 가문과 관련돼 있어요. 요크셔 지역의 요크 가문은 장미전쟁에서 흰 장미를 사용했고 리즈 도시가 요크셔 지역에 있었던 거죠. 유니폼 색상인 하얀색은 순수성과 단결을 상징합니다.

그래서 이러한 유니폼 색상 선택은 단순히 멋지게 보이려는 목적을 넘어 각 팀과 그 지역의 깊은 역사를 드러내는 거랍니다. 따라서 선수와 똑같은 색상의 유니폼을 입은 팬들은 경기장에서 그 안에 담긴 역사적 감정을 재현하며 경기를 더욱 뜨겁게 만들어요.

그렇게 로즈 더비는 영국 중세의 역사적 배경과 현대의 지역감정이 교차하는 문화적 상징으로 자리 잡았어요. 두 팀의 팬들은 각자의 도시와 팀에 대한 자부심이 컸고 이는 오래된 역사적 배경에서 비롯된 것이었죠. 그래서 그들이 쓰레기통과 의자를 무기 삼아 싸운 건 그저 폭력이 아닌 자신들의 정체성과 역사를 지키기 위한 행동으로 볼 수 있습니다. 팬들은 단순히 경기를 관람하는 것이 아니라 그 역사를 함께 살아가고 있는 거죠.

서로 다른 종교의 올드펌 더비

1998-1999시즌 스코틀랜드 프로축구리그 33라운드에 치러진 셀틱 FC와 레인저스 FC 간의 '올드펌 더비Old Firm derby'는 그 어느 때보다도 많은 것이 걸린 경기였죠. 레인저스는 리그 1위를 달리고 있었고, 셀틱은 그 뒤를 바짝 추격하는 2위였습니다. 셀틱의 홈구장인 셀틱 파크에서 벌어진 이 더비는 단순한 대결을 넘어서는 엄청난 의미를 지녔었어요.

레인저스에 이 경기의 승리는 리그 우승을 확정 지을 절호의 기회였고, 셀틱은 홈경기에서 패하면 철천지원수에게 홈구장에서 우승

올드펌 더비의 셀틱(아래)과 레인저스(위)의 팬들.

세리머니를 허락하는 굴욕을 당할 것이었죠. 양 팀의 역사를 통틀어 상대방의 홈구장에서 우승컵을 들어 올린 적이 없었기에 이 경기는 특히 셀틱 입장에서 절대로 패배해서는 안 되는 말 그대로 죽기 살기의 경기였습니다.

　문제는 경기 중 판정에 불만이 많던 셀틱 팬들이 심판에게 동전을 던져 머리에 피가 날 정도로 다치게 하는 일이 발생했다는 거예요. 양 팀의 이 더비가 얼마나 치열한지 보여 주는 사건 중 하나죠. 올드 펌 더비는 왜 이렇게 치열해졌을까요? 이 더비는 종교적 긴장이 어떻게 스포츠로 이어질 수 있는지를 보여 주는 예로 두 팀의 팬들 사이에 깊은 감정의 골이 존재한다는 걸 드러냅니다.

　셀틱과 레인저스는 19세기 후반 스코틀랜드에서 각각 가톨릭과 개신교를 대표하게 됐어요. 셀틱은 1887년에 아일랜드 이민자들을 돕기 위해 가톨릭 신부인 월프리드가 설립했어요. 많은 아일랜드 이민자가 스코틀랜드로 건너왔고 그들은 셀틱을 중심으로 공동체를 결속했습니다. 녹색 유니폼은 아일랜드의 전통 색상을 반영하며 가톨릭 신자들과 강한 연대감을 나타내요.

　반면 레인저스는 1872년에 설립돼 주로 스코틀랜드 본토의 개신교 공동체로부터 지지받았어요. 당시 스코틀랜드는 개신교 신자가 주류를 이뤘고 가톨릭 신자들은 차별받는 상황이었습니다. 이러한 사회적 배경으로 레인저스는 자연스럽게 개신교와 하나가 됐고, 파란색 유니폼은 스코틀랜드의 전통 색상을 반영하며 개신교와의 연결을 나타내요. 두 팀의 라이벌 관계는 지금까지도 종교적, 사회적 갈등을 반영하며 이어지고 있답니다.

색상의 의미를 알아 가는 재미

축구팀 유니폼의 색상뿐 아니라 다른 스포츠 유니폼의 색상에도 다양한 역사가 담겨 있어요. 여러분이 응원하는 스포츠팀의 유니폼 색상에 담긴 역사를 찾아보는 것도 굉장히 흥미로울 거예요. 색상과 무늬에 녹아 있는 의미, 팀과 연고지의 정체성과 정신을 이해하는 재미있는 여정이 될 거예요.

그리고 무엇보다 앞으로 해외여행을 갈 때 해당 지역 스포츠팀에 어울리는 색상의 옷을 잘 골라 입는 것도 중요하겠죠. 그러면 현지 팬들과 자연스럽게 어울리며 더 가까워질 수 있고 불필요한 오해나 싸늘한 경험은 피할 수 있습니다. 그러니 여러분도 여행지의 스포츠팀을 상징하는 색상에 담긴 역사와 문화를 미리 알아보고 현지에 더 깊이 녹아드는 경험을 즐겨 보세요!

반드시 기억해야 하는
스포츠 참사는 무엇일까?

스포츠는 우리의 삶에 즐거움과 활력을 주는 중요한 문화입니다. 스포츠는 전 세계 수많은 사람에게 감동과 열정을 불어넣어 주죠. 하지만 때로는 슬픔과 비극을 안겨 주기도 해요. 예기치 않은 사고와 참사는 스포츠의 밝은 면만큼이나 어두운 면을 우리에게 상기시킵니다. 그동안 스포츠 역사에도 참으로 마음 아픈 참사가 많이 있었어요.

그런데 우리가 왜 스포츠 참사에 대해 알아야 할까요? 작은 실수나 부주의가 큰 사고로 이어질 수 있는 안전하지 못한 환경에 대처하기 위해서예요. 과거에 일어난 비극적인 사건들은 중요한 교훈을 남겼고, 그것을 우리가 기억할 때 스포츠의 더 안전한 미래를 만들 수 있습니다.

스포츠 참사는 어쩌다 일어난 사고가 아니라 우리에게 경각심을 일깨우는 중요한 역사적 사건이에요. 아픈 역사를 되짚어 보며 안전의 중요성을 배우고 같은 실수를 반복하지 않기 위해 노력해야 해요. 이제 스포츠 역사에서 잊지 말아야 할 비극적인 사건들을 하나씩 살펴봐요.

힐즈버러 참사

1989년 4월 15일 축구를 사랑하는 수만 명의 팬이 잉글랜드 셰필드에 있는 힐즈버러 스타디움으로 모여들었습니다. 이날은 잉글랜드 FA컵 잉글랜드축구협회에 속한 모든 클럽이 참가하는 토너먼트 대회 준결승전인 노팅엄 포레스트 FC와 리버풀 FC의 대결이 펼쳐지는 날이었죠. 그런데 경기가 시작된 지 얼마 지나지 않아 관중석에서 이상한 일이 벌어지기 시작했어요. 원정석에는 안전을 위해 경찰관들이 관중들을 통제하고 있었지만 점점 더 많은 사람이 밀려들어 와 자리싸움을 벌이면서 숨쉬기조차 어려운 상황에 이르게 된 것이죠.

리버풀의 골키퍼 브루스 그로벨라는 관중석에서 들려오는 비명에 놀랐습니다. "살려주세요! 도와주세요!"라고 외치는 소리가 그의 귀에 생생하게 전달됐어요. 브루스는 골문 앞에서 상황을 파악하려 했지만 이미 수많은 사람이 펜스에 눌려 고통스러워하고 있었답니다. 경기장 직원들은 이 혼란을 수습하려 했지만 문을 열 수 있는 열쇠

펜스에 눌리는 관중들을 구하고 있는 경찰관들. © Birmingham Live.

조차 없었기에 발을 동동 구를 수밖에 없었어요. 그렇게 결국 펜스가 무너지고 말았습니다. 사람들은 압력에 눌려 넘어지고 깔리면서 비극적인 사고가 발생했어요.

이 사고는 '힐즈버러 참사Hillsborough disaster'로 불리며 총 97명의 사망자와 수백 명의 부상자를 남겼어요. 이 사건은 축구경기장의 안전이 얼마나 중요한지를 일깨우는 경고의 목소리가 됐답니다. 이후로 경기장의 입석은 모두 좌석으로 바뀌었고 펜스는 철거됐으며 관중 수용 규모 통제와 출입 관리가 더욱 엄격해졌어요. '소 잃고 외양간 고친다'는 우리 속담이 생각나는 참사입니다.

르망 24시 참사

1955년 6월 11일 프랑스의 작은 마을 르망에서는 세계적으로 유명한 자동차경주대회인 르망 24시24 Hours of Le Mans가 열리고 있었습니다. 이 경주는 하루 24시간 내내 계속되는 극한의 도전으로 전 세계에서 온 용감한 레이서들이 참가해 최고의 실력을 겨루는 자리였어요. 특별히 1955년 르망 24시는 메르세데스-벤츠가 선보이는 새로운 스포츠카 300 SLR로 더욱 주목받으며 관중들이 경기장을 가득 메웠죠. 하지만 경주가 시작된 지 얼마 지나지 않아 비극이 찾아왔습니다. 모든 관심을 한 몸에 받고 있던 스포츠카 300 SLR로 말이죠.

피에르 르베크Pierre Levegh가 운전하던 300 SLR 차량이 트랙을 돌던 중 다른 차와 충돌하며 공중으로 날아올랐습니다. 차량은 그대로 관중석을 향해 돌진했고 불타는 잔해들이 수많은 관중을 덮치는 사고가 발생했어요. 르베크는 그 자리에서 즉사했고 80여 명의 관중이 목숨을 잃었으며 120여 명이 중상을 입었습니다.

이 참사는 전 세계에 큰 충격을 안겼어요. 많은 나라에서 모터스포츠가 일시적으로 중단됐고 스포츠카와 트랙 안전에 대한 엄격한 규정이 새로 도입됐어요. 르망 24시 참사는 모터스포츠가 지닌 위험성을 여실히 보여 주며 안전을 최우선으로 고려하는 문화가 자리 잡게 했답니다.

보스턴 마라톤대회 폭탄 테러

매년 전 세계 사람들이 모여들며 수많은 사람이 참여하는 보스턴 마라톤대회가 2013년 4월 15일에 열렸어요. 대회 참가자들과 관중들은 화창하고 따스한 봄날 속에서 축제를 즐기고 있었습니다. 그런데 선수들이 결승선에 다다르며 경주가 거의 끝나 가던 오후 2시 50분경 갑자기 커다란 폭발 소리가 보스턴 시내를 뒤흔들었어요.

12초 간격으로 두 차례의 큰 폭발이 일어났고 결승선 근처는 순식간에 아수라장이 됐어요. 사람들은 공포에 질려 비명을 지르며 도망쳤고 현장은 피와 혼란으로 가득 찼습니다. 이 사건으로 3명이 목숨을 잃었고 183명 이상이 부상을 당하고 일부 환자는 평생 장애를 가지게 됐답니다.

이 끔찍한 사건으로 전 세계는 큰 충격에 빠졌어요. 수사기관은 즉시 범인 추적에 나섰고, 며칠 후 체첸계 미국인 형제인 조하르 차르나예프와 타메를란 차르나예프가 범인으로 지목됐어요. 이들은 이슬람 극단주의 사상에 영향을 받아 테러를 계획하고 실행한 것으로 알려져 있어요. 이후 보스턴과 전 세계의 대형 스포츠 행사에서 보안이 대폭 강화됐어요. 경찰과 보안 요원의 수가 늘어났고 보안 검사는 더욱 철저해졌죠. '보스턴 스트롱Boston Strong, 보스턴은 강하다'이라는 구호 아래 보스턴 시민을 포함한 미국인들은 테러에 굴복하지 않겠다는 강한 의지를 보여 줬고, 이는 공동체의 연대와 결속력을 강화하는 계기가 됐습니다.

누구도 다치지 않는 스포츠를 위해

힐즈버러 참사, 르망 24시 참사, 보스턴 마라톤대회 폭탄 테러는 우리에게 뼈아픈 교훈을 주는데, 스포츠 행사가 열리는 시공간에는 많은 사람이 모인다는 점을 잊지 말아야 한다는 것이에요. 우리는 과거의 이 참사들을 늘 기억하며 안전에 대한 경각심의 중요성을 다시 한번 되새기고 미리 대비하는 자세가 필요해요.

평범한 일상에서도 스포츠를 즐길 때 안전에 유의하는 건 필수예요. 우리 각자의 적은 노력이 모여 스포츠를 더욱 안전하고 즐거운 활동으로 만들 수 있기를 바랍니다.

Q7. 뜨겁게 응원하는 팬들은 어떻게 탄생했을까?

"대한민국, 짝짝짝 짝짝!" 이 응원 구호는 참 익숙하고 국가대표팀을 응원하는 스포츠를 비롯해 여러 곳에서 메아리치는 함성입니다. 여러분도 한 번쯤은 외쳐 봤죠? 이것은 붉은악마가 국가대표팀 축구 경기에서 우리나라를 응원하는 구호로 시작됐어요.

국가 혹은 팀을 상징하는 색상의 물결, 경기장에 우렁차게 울려 퍼지는 열정적인 응원 구호는 관중들이 단순한 관람객이 아니라 경기에 깊이 참여하며 함께 뛰는 선수와 같다는 걸 보여 줘요. 그래서 축구계에서는 서포터스supporters, 특정 스포츠팀을 지지하는 사람들를 12번째 선수라 칭한답니다. 그리고 강한 팀일수록 엄청난 열기를 뿜어내는 서포터스 클럽을 함께 보유하고 있습니다.

그런데 서포터스는 갑자기 생겨난 게 아니에요. 그 역사를 살펴보기 위해서는 고대 로마시대에 펼쳐진 전차경주까지 거슬러 올라가야 합니다. 그리고 19세기 말부터 20세기 초까지 프로스포츠가 흥행하기 시작하면서 선수나 구단이 상품화됐고 팬들 스스로 충성심을 적극적으로 드러내는 문화가 생겼어요. 이 시기에 팬들의 조직적이고 열정적인 응원을 바탕으로 서포터스가 형성되기 시작했어요.

전차경주장에 등장한 최초의 서포터스

고대 로마의 키르쿠스 막시무스에서 열렸던 전차경주에서 열정적인 지지자의 모습을 처음 찾아볼 수 있어요. 이 경기장은 최대 25만 명의 관중을 수용할 수 있었는데 경주에 참여하는 팀은 각각의 독특한 색상으로 유명했어요. 빨간색, 하얀색, 파란색, 초록색을 띠는 관중들로 나뉘어 있었습니다. 빨간색은 고대 로마신화에 나오는 전쟁의 신 마르스를, 하얀색은 봄의 여신 플로라를 상징했으며, 파란색은 바다와 하늘의 신 넵튠을, 초록색은 대지의 여신 테라와 가을의 신 아우툼누스를 상징했습니다.

이러한 색상은 관중들이 응원하는 팀에 충성심과 지지를 표하는 데 도움이 됐으며, 현대에 와서는 어떤 스포츠팀의 서포터스인지 손쉽게 연상하도록 하죠. 빨간 옷을 입은 서포터스를 보면 맨체스터 유나이티드나 리버풀을 떠올리는 것처럼요. 이렇듯 팀의 정체성을 색상으로 상징하는 축구팀이 많습니다. 대한민국은 붉은색이 붉은악마의 상징이고 국가대표 유니폼도 붉은색을 사용해 만들어지죠.

유럽과 남미의 뜨거운 서포터스

오늘날 서포터스 하면 유럽 축구의 열광적인 팬들을 떠올리지 않을 수 없어요. 유명 구단의 서포터스가 보여 주는 열정은 그야말로 대단해요.

먼저 리버풀 서포터스의 상징적인 응원가 'You'll Never Walk Alone그대는 결코 혼자 걷지 않으리'을 이야기해 볼게요. 이 노래는 정말 특별합니다. 경기 시작 전 수만 명의 팬이 한목소리로 이 노래를 부르기 시작하면 경기장이 마치 거대한 콘서트장이 된 듯한 느낌이 들어요. 붉게 물든 관중석은 하나의 예술 작품처럼 보이기도 하죠. 이 응원가는 리버풀이라는 도시 전체가 하나 돼 부르는 전통이고 문화적인 상징이랍니다. 특히 중요한 경기가 있을 때마다 선수들에게 큰 힘이 돼 주고 팬들과 선수들 사이에 끈끈한 유대감을 느끼게 해 줘요.

독일의 보루시아 도르트문트 서포터스도 You'll Never Walk Alone을 부른답니다. 이들은 노란 벽이라는 별명을 가지고 있어요. 왜냐하면 수천 명의 팬이 다 같이 노란색 셔츠를 입고 도르트문트의 홈구장인 지그날 이두나 파크의 남쪽 스탠드에 서서 응원하는데, 그

도르트문트 서포터스의 노란 벽. © beIN SPORTS.

모습이 마치 거대한 노란 벽이 서 있는 것처럼 보이기 때문이죠. 이들은 서서 끊임없이 노래를 부르고 깃발을 흔드는데 마치 하나의 공연을 보는 것 같답니다. 중요한 경기가 있을 때마다 이 노란 벽이 더욱 빛을 발하죠.

이제 남미로 가 볼까요? 남미에서는 축구가 스포츠라는 경계를 넘어서 그들이 가진 삶의 방식을 보여 주는 하나의 큰 문화입니다.

특히 아르헨티나 리그의 CA 보카 주니어스 서포터스인 '라 도세La Doce, 12번째 선수'로 불리는 이들은 정말 놀랍습니다. 경기 시작 전부터 끝날 때까지 쉬지 않고 노래를 부르고 점프를 해요. 그들이 만들어 내는 소음과 진동은 경기장 전체를 흔들어 지진이 나는 것처럼 느껴질 정도예요. 그래서 보카 주니어스의 홈구장에서 라 도세의 응원을 직접 경험한 사람들은 그 순간을 평생 잊지 못한다고 해요. 그만큼 이들의 응원은 강렬하고 선수들에게 특별한 에너지를 전하죠.

브라질에는 CR 플라멩구라는 축구팀이 있어요. 애칭으로 '메낭'이라 부르기도 합니다. 메낭 팬들의 응원도 아주 열정적이랍니다. 홈구장 마라카낭을 가득 채우고 경기 시작 전부터 끝날 때까지 한순간도 쉬지 않고 거대한 깃발을 흔들며 구호를 외치고 조명탄을 터뜨리면서 매혹적인 광경을 만들어요. 경기가 끝난 후 경기장 밖에서도 열기는 이어지죠. 이러한 모습은 마치 하나의 거대한 축제를 연상케 합니다.

유럽과 남미 축구의 서포터스는 각자의 방식으로 팀을 응원하지만 그 열정과 사랑은 모두 같아요. 축구로써 그들의 문화와 전통을 표현하고 그 안에서 하나가 되는 순간을 만들어 가는 이들의 모습은 정말 멋지고 인상적이랍니다.

팬이 된다는 것의 의미

오늘날 스포츠에서 응원은 정말 멋진 예술이 됐어요! 치어리더의 화려한 춤, 거대한 불꽃놀이, 등장하는 선수를 위한 웅장한 트럼펫 연주 그리고 각 선수의 응원가까지 모든 게 하나의 큰 공연 같습니다. 팬들은 그들만의 응원가를 부르며 팀에 사랑을 표현하고 모두가 하나로 뭉쳐 대가족이 되죠. 선수들도 이런 응원에 힘입어 승리를 위해 더욱 최선을 다하게 된답니다.

요즘에는 SNS 덕분에 스포츠 팬이 되는 게 더욱 재밌어졌어요. SNS는 전 세계의 팬들이 모여 응원할 수 있는 가장 큰 경기장이 돼 그 안에서 다른 팬들과 채팅도 하고 좋아하는 순간을 바로바로 공유할 수 있죠. 컴퓨터나 휴대폰을 사용해 실시간 경기도 편하게 볼 수 있어서 어디서든 경기를 놓치지 않을 수 있답니다.

팬이 된다는 건 단지 승리를 위해 응원하는 것만 뜻하지 않아요. 옳은 일을 위해 함께 행동하는 것이기도 해요. 여전히 스포츠에서 일어나는 인종차별에 맞서 싸우기도 하고, 국가기념일에 묵념을 올리기도 하고, 그 밖의 불의를 바로잡기 위해 목소리를 내기도 해요. 그래서 팬은 단순히 스포츠를 즐기기만 하는 사람이 아닌 거죠. 스포츠 팬이 된다는 것은 기쁨을 함께 나누고, 힘든 순간도 같이 겪으며, 자신보다 더 큰 뭔가와 연결되는 경험을 하는 것이에요. 이렇게 우리는 스포츠 안에서 하나가 돼 더 나은 세상을 만들어 나갈 수 있답니다.

뮌헨 올림픽 참사는 어떻게 일어났을까?

올림픽은 4년마다 열리는 세계적인 스포츠 축제입니다. 고대 그리스에서 시작된 이 대회는 전 세계 선수들이 모여 실력을 겨루는 자리로 전통과 역사를 자랑하는 중요한 행사입니다. 현대 올림픽은 1896년 아테네에서 처음 개최된 이후 계속 발전해 왔고, 지금은 수많은 국가들이 다양한 종목에서 선의의 경쟁을 치르며 서로의 우정을 다지고 평화를 기원하는 행사로 자리매김했어요.

1972년 독일 뮌헨에서 열린 올림픽도 마찬가지로 큰 기대를 모았답니다. 전 세계에서 온 선수들과 관중들은 이 대회가 평화와 스포츠정신을 기리는 축제가 되리라 믿으며 설레는 마음으로 대회를 맞이했어요. 그런데 그 기대가 산산이 부서지는 충격적인 사건이 벌어졌어요.

검은9월단이 잠입한 그날의 새벽

1972년 9월 5일 새벽 올림픽선수촌은 조용히 잠들어 있었어요. 선수들은 다음 날의 경기를 준비하며 휴식을 취하고 있었죠. 하지만 동트기에는 아직 이른 새벽 4시 10분 검은 복면을 쓴 팔레스타인 무장단체 '검은9월단^{Black September}'의 테러리스트 8명이 철조망을 넘어 조용히 선수촌에 침투했습니다. 그들의 목표는 이스라엘 국가대표팀이었죠.

갑작스러운 소리에 이스라엘 선수들이 잠에서 깨어나자 테러리스트들은 총과 수류탄을 들고 있었고 곧바로 인질극이 시작됐어요. 2명의 선수는 저항하다 끝내 목숨을 잃었고, 나머지 선수들은 인질로 잡혔습니다. 이렇게 뮌헨은 순식간에 전쟁터로 변하며 전 세계의 이목이 이 사건에 집중됐어요.

정치적 갈등에 희생된 올림픽의 평화

검은9월단은 이스라엘 선수단의 선수와 코치 9명, 심판 2명까지 붙잡고 인질극을 벌였어요. 그들은 이스라엘과 팔레스타인의 복잡한 정치적 문제를 세계에 알리고 싶었고 이스라엘과 다른 나라의 감옥에 수감된 동료들의 석방을 요구했어요.

이스라엘과 팔레스타인의 분쟁에는 뿌리 깊은 역사적 이유가 있어요. 두 나라는 같은 땅을 두고 서로의 권리를 주장하며 오랫동안 싸워 왔거든요. 국제연합 유엔UN이 중재하려 나섰지만 상황은 나아지지 않았어요. 이런 이유로 검은9월단은 전 세계인이 주목하고 있는 뮌헨 올림픽에서 갈등을 표출한 겁니다.

비극으로 끝난 구조 작전

당시 독일은 서독과 동독으로 나뉘어 있었어요. 서독 정부와 올림픽 조직위원회는 이 위기를 해결하기 위해 협상과 구조 작전을 동시에 진행했습니다. 긴장감이 흐르는 가운데 서독 경찰과 특수부대는 테러리스트들과 인질이 있는 숙소 주변을 포위했어요.

세계는 이 구조 작전을 숨죽여 지켜봤는데 여기서 서독 경찰은 엄청난 실수를 저질렀어요. 바로 들켜서는 안 되는 구조 작전을 생중계한 것이죠. 그래서 테러리스트들은 이 중계를 확인하며 대응 작전을 세웠고 결국 작전은 예상치 못한 방향으로 전개되면서 협상은 실패로 끝나게 됩니다. 테러리스트들은 인질들을 데리고 공항으로 이동했고, 그곳에서 기다리던 특수부대와 총격전이 벌어졌어요. 이 충돌로 모든 인질과 테러리스트 몇 명이 사망하며 올림픽 역사상 가장 슬프고 충격적인 비극이 발생하게 됩니다.

올림픽은 평화와 화합의 장

1972년 뮌헨 올림픽 참사는 평화와 우정을 상징하는 올림픽이 어떻게 정치적, 외교적 갈등의 무대가 될 수 있는지를 여실히 보여 줬어요. 모두의 축제인 올림픽이 복잡한 세계 정치의 희생양이 되며 세계 정세와 인류의 역사적인 갈등이 맞물려 있는 복잡한 현실을 드러낸 것이죠. 국제사회는 이 사건을 계기로 스포츠의 안전과 평화를 위한 노력을 강화하게 됐답니다. 특히 올림픽과 같은 대규모 스포츠 행사의 보안은 획기적으로 강화됐어요.

뮌헨 올림픽의 비극은 우리에게 평화의 중요성과 이를 위한 경계의 필요성을 다시금 일깨워 줬습니다. 비록 그날의 상처는 아물지 않았지만 이로써 우리는 더욱 단단해졌고 올림픽조직위원회는 평화로운 세상을 위해 역할을 다하려고 노력 중입니다.

올림픽헌장 제1장 제6조 제1항에는 "올림픽에서의 경쟁은 개인이나 팀의 경쟁이지 국가 간의 경쟁이 아니다"라고 명시하고 있어요. 이는 올림픽이 국가 간의 평화를 상징한다는 의미인데, 그 노력의 예로 2018년 평창 동계올림픽에서 남북한이 여자 아이스하키 단일팀으로 출전한 것과 2000년 시드니 올림픽에서 남북한이 공동으로 입

희생된 이스라엘 선수단을 기억하고 기리는 추모비.

장한 것이 있습니다. 이 모습들은 유일한 분단국가의 하나 된 모습을 보이며 평화의 메시지를 던질 수 있었기에 큰 화제가 됐고, 2016년 리우 올림픽에서는 난민 선수들로 구성된 난민팀이 처음 출전해 전세계의 응원을 받았어요. 이렇게 올림픽은 전 세계 사람들이 서로를 이해하고 평화를 이루는 데 큰 역할을 하고 있답니다. 이제 우리는 1972년 뮌헨 올림픽 참사를 기억하며 스포츠가 앞으로도 진정한 평화와 화합의 장이 될 수 있도록 지속해서 응원하며 노력해야 할 것입니다.

Q9. 스포츠가 정치에 활용된다고?

스포츠는 종종 국제정치의 중심 무대가 됩니다. 여러분도 잘 아는 올림픽이나 월드컵 같은 큰 대회가 바로 그런 경우인데요. 스포츠는 오랫동안 국가 간의 갈등과 협력의 상징으로 활용됐어요. 이러한 현상은 고대 그리스의 올림픽에서도 존재했고 관련된 얽히고설킨 이야기가 오늘날까지 전해지고 있죠.

이렇게 고대에서부터 현재까지 스포츠와 정치는 떼려야 뗄 수 없는 관계예요. 때로는 대회를 보이콧여러 사람이 뭉쳐 어떤 일을 받아들이지 않고 물리치는 일하며 정치적, 평화적 메시지를 내기도 하고 스포츠를 외교적 수단으로 삼기도 한답니다. 그럼 지금부터 하나씩 스포츠가 구체적으로 정치와 연결된 이야기를 살펴보도록 해요.

전쟁을 멈춘 고대 올림픽

먼저 고대 그리스로 가볼까요? 그리스 사람들은 신에게 받은 신체와 정신을 잘 단련하는 것이 신에 대한 보답이라 생각했어요. 그래서 제우스에게 바치는 큰 종교 행사로 올림피아제Olympia祭라는 경기를 열었어요. 여기서 선수들은 달리기, 레슬링, 멀리뛰기 같은 다양한 종목으로 경쟁했습니다. 당시 그리스의 도시국가들은 무척 자주 전쟁을 했지만 올림피아제가 열리는 동안에는 모든 전쟁을 멈추고 모두 경기장으로 모였어요. 이것이 바로 '에케케이리아Ekecheiria'로 불리는 올림픽 휴전의 시작이었습니다. 이렇게 스포츠는 처음부터 평화와 화합의 상징이었어요.

대표적인 올림픽 보이콧

하지만 스포츠와 정치의 관계는 항상 평화롭지만은 않았습니다. 현대 올림픽 역사에서 정치적 갈등으로 인한 보이콧이 여러 번 발생했거든요. 스포츠를 활용해 정치적 메시지를 전달하거나 평화를 촉진하려고 시도했던 대표적인 보이콧을 소개할게요.

1976년 캐나다 몬트리올 올림픽을 앞두고 아프리카 국가들이 대거 보이콧을 선언했는데, 이는 뉴질랜드 럭비팀이 인종차별 정책인 아파르트헤이트Apartheid를 시행하던 남아프리카공화국과 친선 경기를 치른 것에 대한 항의로 올림픽헌장의 인종차별 금지 조항에 위배된다고 여겼기 때문이에요. 아프리카의 28개국은 올림픽조직위원회에 뉴질랜드의 올림픽 참가를 금지하라고 요청했지만 받아들여지지 않자 올림픽을 보이콧하게 된 거죠.

국제사회에 큰 충격을 준 이 사건은 올림픽 역사상 정치적 이유로 일어난 첫 번째 대규모 보이콧으로 기록됐답니다. 이 일로 몬트리올 올림픽조직위원회는 재정적 어려움을 겪었고, 많은 이가 올림픽의 정치적 중립성에 대해 다시 생각하게 되는 계기가 됐어요.

몬트리올 올림픽 보이콧의 상처가 아물기도 전에 다음 모스크바 올림픽에서도 보이콧 바통은 이어졌답니다. 1980년 모스크바 올림픽에서는 소련의 아프가니스탄 침공을 이유로 미국을 포함한 여러 서방국가가 보이콧을 선언했어요. 당시 소련이 아프가니스탄을 침공하자 미국은 소련에 대한 강력한 반대 의사를 표시하며 올림픽 보이콧을 선언했는데, 그 결과 우리나라를 포함해 영국, 독일, 일본 등 약 60여 개국이 동참하게 됐어요. 그래서 많은 선수가 올림픽에 참가하지 못했고, 이는 올림픽 역사상 가장 큰 규모의 보이콧으로 기록됐습니다.

그 당시 많은 운동선수가 평생을 준비해 온 무대에 서지 못하게 돼 큰 상실감을 느꼈어요. 관중들 역시 아쉬움을 감추지 못했답니다. 정치적 결정으로 인해 스포츠 안에서 국가가 갈등하고 선수들이 피해를 본 대표적인 사례로 남아 있죠.

화해와 협력을 일군 순간들

반면 스포츠는 갈등을 해결하고 평화를 촉진하는 데도 중요한 역할을 해 왔어요. 혹시 '핑퐁ping-pong, 탁구외교'에 대해 들어본 적이 있나요? 1971년 미국 탁구선수단이 중국을 방문하면서 시작된 역사적인 사건입니다.

당시 미국과 중국은 적대적인 관계였지만 닉슨 대통령이 중국과의 관계 개선을 모색했어요. 그리고 중국도 미국과의 관계 개선으로 소련과의 관계를 조정하고자 했죠. 그중 탁구가 선택된 이유는 비교적 비정치적인 스포츠로서 양국 간의 긴장감을 완화하는 데 적합했기 때문이에요. 미국 탁구선수단의 방문은 양국 간 우호적인 분위기를 조성했고, 이후 닉슨 대통령의 중국 방문과 양국이 적대관계에서 벗어나 국교 정상화를 위해 노력하겠다는 상하이 공동성명 발표로 이어졌어요.

이 사건은 '작은 공이 큰 공을 움직인다'는 중국 격언처럼 탁구라는 작은 스포츠가 세계 정치에 큰 변화를 가져올 수 있다는 사실을 보여 줬습니다. 핑퐁외교는 스포츠를 매개로 한 국제관계 개선의 대표적인 사례로 남아 있어요.

1972년 2월 23일 닉슨 대통령이 참석한 베이징 탁구전시회.

　마찬가지로 한민족이면서도 두 나라로 갈라진 우리 남한과 북한도 스포츠로 평화의 메시지를 전했습니다. 바로 2000년 시드니 올림픽 개막식에서 대한민국 여자농구의 레전드인 정은순 선수와 북한의 박정철 유도 국가대표팀 감독이 함께 한반도기를 높이 들고 입장한 장면이에요. 그리고 여러분도 기억할 수 있는 2018년 평창 동계 올림픽 개막식에서는 한국의 최초 봅슬레이 은메달리스트인 원윤종 선수와 북한의 여자 아이스하키 황충금 선수가 같이 한반도기를 앞세워 입장했답니다.

　긴장된 한반도의 상황을 뛰어넘은 남북한의 공동입장은 전 세계에 큰 감동을 줬고, 스포츠가 정치적 문제를 넘어서 사람들을 하나로 묶는 화해와 협력의 힘이 있다는 걸 보여 주며 세계평화와 우정을 증진하는 데 중요한 역할을 했습니다.

평화와 갈등의 두 얼굴

이렇게 스포츠와 정치의 관계에는 평화와 갈등이라는 두 얼굴이 존재합니다. 국가는 우수한 스포츠 성적과 대형 이벤트 개최로 국제무대에서 긍정적인 이미지를 구축하며 국가 브랜드를 높일 수 있어요. 하지만 정치적 압력이 스포츠의 독립성을 침해하고 선수들의 성과와 경력에 부정적인 영향을 미치기도 해요.

대표적으로 평창 동계올림픽의 남북 공동입장과 함께 추진된 여자 아이스하키 단일팀 문제를 들 수 있습니다. 아이스하키계 관계자들, 코칭스태프 그리고 선수들까지 모두 이걸 반대했어요. 그런데도 정치인들이 그들의 출전 권리를 빼앗을 자격이 있을까요? 단일팀을 구성하면서 피해를 보는 선수가 없도록 팀의 인원을 늘리겠다고 했지만, 이는 '선수들에게 부당하게 희생을 요구한다'는 비판을 피할 수 없었어요. 오직 실력으로만 평가돼야 하는 스포츠의 본질이 정치적 외압으로 훼손됐기 때문입니다.

또한 평화와 국익을 위해 선수 개개인이 희생해야 한다는 생각은 시대에 뒤떨어진 전체주의적 사고입니다. 오늘날의 스포츠는 개인의 노력과 실력을 먼저 존중하는 민주적 가치 위에 서 있어야 해요.

세계 축구의 최고 행정기관인 국제축구연맹은 축구와 정치를 분리하는 규정을 두고 있으며, 정치가 축구를 통제하고 억압할 경우 국제대회 출전을 박탈할 정도로 강하게 규제하고 있어요. 2024년 7월 중 대한축구협회는 이 조항을 근거로 문화체육관광부가 추진하는 감사를 받지 않겠다고 했지만, 대한축구협회에 비리나 올바르지 못한 일이 있다면 감사를 받는 것은 당연한 일이고 국제축구연맹도 간섭할 수 없어요.

이처럼 스포츠는 정치와 밀접하게 연결돼 긍정적으로 평화의 역할을 할 수 있는 동시에 갈등과 논란을 초래할 수도 있다는 것을 알아야 하겠습니다.

Q10. 전쟁에서 사용하는 전략을 경기에서도 사용한다고?

우리 함께 상상해 볼까요? 오랜 옛날 한 무리의 그리스 전사들이 트로이 성문 앞 신비로운 목마 안에서 숨죽이고 있었어요. 그들의 작전은 무엇일까요? 그리고 이 트로이목마 이야기는 어떻게 우리가 알고 있는 가장 치밀하고 교묘한 스포츠 전략의 근원이 됐을까요?

우리가 일상에서 마주치는 다양한 전략들, 특히 온라인 게임에서 자주 접하는 현대적 교란 전술도 오늘날 스포츠 현장에서 자주 볼 수 있답니다. 1명의 상대를 속이는 선수의 개인 기술부터 모두를 교란하는 팀 전술까지 전부 그 안에는 전쟁에서 사용된 전략의 뿌리를 갖고 있어요.

그렇다면 전쟁의 전략들이 어떻게 스포츠에 혁신적인 변화를 가져왔고, 어떻게 팀워크와 개인 기량을 극대화했는지 살펴보겠습니다.

트로이목마와 폴스나인

고대 그리스인들은 트로이를 점령할 때 거대한 목마를 이용해서 성으로 잠입해 궁극적인 승리를 거뒀어요. 트로이 성문 앞에 목마를 두고 시선을 분산시키며 혼란을 유도해 성을 함락한 거죠. 오늘날 인터넷상에서 유용한 프로그램인 척 속이며 악성 바이러스를 퍼뜨리는 일을 '트로이목마'라 표현하죠? 바로 이 이야기에서 비롯된 거예요. 현대 스포츠에서도 상대를 속여 허를 찌르는 트로이목마 전략을 많이 활용합니다. 특히 축구에서 '폴스나인False 9'이라 불리는 가짜 9번 전술로 확인할 수 있어요.

축구의 신이라 불리는 리오넬 메시Lionel Messi는 가짜 9번 전술의 핵심이었어요. 펩 과르디올라 감독이 바르셀로나를 이끌던 시절에 전통 스트라이커가 없자 이 전술을 도입해 큰 성공을 거뒀어요. 이 전술에서 메시는 전통적인 스트라이커 포지션으로 상대에게 소개되지만, 막상 경기 중에는 스트라이커 역할에서 벗어나 중앙 미드필더처럼 깊숙이 내려와 공을 받고 조율하면서 상대 수비 라인 사이에 공간을 만들어 다른 선수들이 활용할 수 있도록 했죠. 이 공간 활용은 바르셀로나의 공격 패턴을 다양화하고 예측 불가능하게 만들었어요. 특히 메시는 2009년 UEFA유럽축구연맹 챔피언스리그 결승전에서 맨체스터 유나이티드를 상대로 결승골을 포함한 주요 임무를 수행하며 이 전술의 효과를 세계에 입증했어요. 이후 많은 팀이 비슷한

폴스나인의 핵심 선수인 메시가 골을 넣고 환호하는 장면.

전술을 시도하며 혁신의 계기가 됐습니다.

독일의 블리츠크리그와 데스라인업

폴스나인과 트로이목마 전술이 상대를 교란하는 전술이었다면 상대
보다 빠른 기동력으로 적을 격파하는 전술도 있답니다.

1939년 제2차 세계대전 중 독일의 '블리츠크리그^{Blitzkrieg}'가 기동력
을 활용한 대표적인 전술이에요. 이 전술은 적의 방어선을 빠르게 돌
파해서 혼란을 일으켜 신속한 승리를 가져오는 전격전으로 아주 유

명하답니다. 이 전술로 당시 독일군은 순식간에 폴란드의 방어선을 무너뜨리고 혼란을 일으켰어요. 전차부대는 번개처럼 빠르게 이동하며 적의 방어선을 돌파했고 항공기들은 적의 후방 기지를 폭격해 보급로를 차단했습니다. 폴란드군은 이런 갑작스러운 공격에 대응할 시간이 없었고 결국 며칠 만에 폴란드는 점령됐어요.

　NBA의 골든스테이트 워리어스가 사용한 '데스라인업Death Lineup'은 앞서 설명한 블리츠크리그를 농구장에서 구사하는 전술이었어요. 스티브 커 감독의 혁신적인 전술로 유명하답니다. 특히 2016-2017 시즌부터 2018-2019시즌까지 골든스테이트 워리어스에서 전술의 주인공들로 활약한 스테판 커리Stephen Curry, 클레이 탐슨Klay Thompson, 안드레 이궈달라Andre Iguodala, 케빈 듀란트Kevin Durant, 드레이먼드 그린Draymond Green을 통칭해서 데스라인업이라 불렀는데요. 이 선수들로 NBA 결승전에서 이겨 래리 오브라이언 우승 트로피를 들어 올렸으니 당시 가장 막강한 전력을 자랑하는 라인업이라 볼 수 있죠.

　데스라인업은 전통적인 포지션 개념을 무시하고 스피드, 슈팅, 유연성을 극대화하는 데 초점을 맞췄답니다. 기존의 센터가 없이도 더 빠르며 다재다능한 선수들로 팀을 구성하는 것이 특징이에요. 상대방보다 빠르게 공수전환을 하고 3점슛을 적극적으로 시도해 경기의 흐름을 유리한 방향으로 끌고 가는 전략이에요. 상대방의 약점을 정확히 파고들면서 빠르고 과감한 공격을 보여 줬어요. 그리고 상대방을 계속 압박하며 심리적 우위를 점하는 데도 큰 역할을 했어요. 데스라인업은 바로 이렇게 독일군의 블리츠크리그를 재해석한 전술이라고 볼 수 있답니다.

일상생활도 전략적으로

전쟁에 사용되는 전술은 모든 스포츠에 적용할 수 있는 실용적인 전략을 제공해요. 실제 병법서인 『손자병법』을 읽고 경기 전략을 짜는 감독이 많다고 해요. 그만큼 전쟁의 전술과 스포츠의 전략이 맞닿아 있다는 거죠. 특히 전통의 규칙을 깨고 새로운 전략을 시도하는 감독을 보며 문제를 다른 시각에서 관찰하며 유연하게 대처하는 능력이 얼마나 중요한지를 깨달을 수 있어요. 그리고 팀워크와 각자의 역할이 명확할 때 어떻게 큰 성과를 낼 수 있는지 배울 수 있고, 이를 스포츠 너머의 일상에서도 적용할 수 있답니다.

학교에서 공동 과제를 할 때 각자가 맡을 몫을 분명히 하고 서로 협력하면 훨씬 더 좋은 결과를 낼 수 있겠죠. 평소 어떤 문제가 발생했을 때 유연하게 생각해서 새로운 해결책을 찾아내는 습관을 만들어 가는 것도 매우 중요해요. 이렇게 전쟁과 스포츠에서 배운 전략적 사고는 우리의 일상생활에서도 큰 도움이 된답니다.

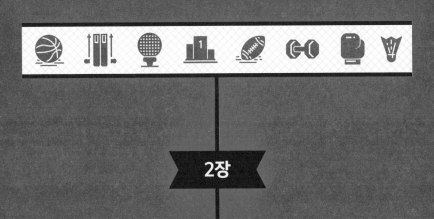

2장

난생처음 만나는
한국 스포츠의 역사와 문화

Q1.

신라시대에도
스카우트가 있었다고?

2023년 우리나라 새만금에서 제25회 세계스카우트잼버리가 열렸어요. 세계스카우트잼버리는 세계스카우트연맹에서 4년마다 개최하는 세계 보이스카우트 회원들의 축제예요. 이들은 함께 모여 야영하며 각국의 문화 교류와 다양한 축제 프로그램을 즐겨요. 우리나라에서는 1991년 강원도 고성에서 제17회 대회를 처음 열었고 2023년 8월 새만금에서 두 번째로 개최했답니다.

그런데 이번 새만금 잼버리에서 눈에 띄는 프로그램이 있었는데 바로 '화랑 어워드'였어요. 화랑 어워드는 통일신라의 기축이 된 화랑도의 무예와 예절 등 화랑의 정신을 경험하며 스카우트 정신을 배울 수 있는 프로그램이었어요.

화랑도는 576년진흥왕 37년에 조직됐다고 알려져 있어요. 그래서 우리나라가 잼버리 형태의 대회를 1,300년 이상 먼저 시행했다고 주장해도 될 정도죠. 화랑도는 청소년의 수양과 교육에 초점이 맞춰져 있었습니다. 무엇보다 오늘날의 체육 요소를 많이 찾아볼 수 있어요. 화랑도는 단순히 전쟁 준비를 위한 조직이 아니었어요. 스포츠맨, 예술가, 탐험가 그리고 지도자 역할까지 마치 오늘날의 멀티플레이어처럼 활동했고, 특히 신라가 위험에 빠질 때면 나라를 구해 내는 주인공도 바로 화랑도였어요. 이렇게 멋진 조직이 어떻게 몸과 마음을 단련했는지 살펴볼게요.

단결하는 화랑도

화랑도는 신라시대의 엘리트 집단이었어요. 15세에서 18세 사이의 미혼 청년들로 구성됐고, 나이가 많은 승려가 코치 역할을 했어요. 마치 현대 스포츠팀처럼 각자의 역할이 있었고 팀워크로 큰일을 해냈죠. 그들이 유명한 산과 큰 강을 탐험하는 일은 오늘날의 오리엔티어링orienteering과 비슷합니다.

　오리엔티어링은 군 장교들이 지도를 보고 정해진 지점을 찾아가는 훈련에서 파생된 스포츠예요. 그래서 경기 방식도 지도와 나침반을 이용해 정해진 지점에 빠르게 도착하는 것을 겨룹니다. 당시 이런 탐험은 전쟁을 대비하는 목적도 있었는데 과거의 전쟁은 산과 평지

마상에서 활 쏘는 화랑을 재현하는 모습.

를 활용하는 전술이 많았기 때문이에요. 그리고 당연히 전쟁은 혼자 치를 수 없고 함께 먹고 자며 야영해야 하는 방식이었기에 팀워크를 기르는 일은 가장 중요한 요소였답니다. 또 화랑들은 엄격한 규율과 믿음으로 벗을 사귄다는 '교우이신交友以信'의 가치를 중요시하며 단결하는 모습을 보였답니다.

아름다움을 표현하는 화랑도

화랑도의 훈련에는 무술뿐만 아니라 노래와 춤도 포함돼 있었어요.

몸을 단련하는 동시에 예술로 마음을 다스렸답니다. 그들의 예술은 지금의 체조나 댄스스포츠와 비슷해요. 체조는 유연성과 예술적 표현을 중시하며, 댄스스포츠는 춤을 추며 신체를 단련하고 아름다움을 표현합니다. 이러한 표현은 체육 교과에서 중시하는 가치 중 하나예요. 예를 들어 태권도 시범단의 공연을 보면 태권도 기술을 예술적으로 표현하고 동작에 음악과 춤을 섞은 태권무를 선보이며 태권도 세계화에 앞장서고 있죠. 이는 화랑도의 무술과 예술이 결합한 형태와 비슷합니다

이렇게 화랑도는 몸과 마음을 함께 발전시키는 데 큰 중요성을 뒀어요. 특히 '신체미 숭배사상'이 있었는데 신체를 단련해 만든 몸의 아름다움과 탁월한 운동능력을 중시하는 사상이에요. 뿐만 아니라 이런 신체 단련을 덕을 쌓아 가는 과정으로 생각했어요. 오늘날에도 스포츠 참여에서 끝나는 게 아니라 그 안에 있는 인종차별 금지, 상호존중과 배려 등 여러 사회적 가치를 중요시하는 것과 비슷하다고 볼 수 있어요.

삼국통일에 기여한 위대한 청소년들

영국에서 출발한 세계스카우트잼버리와 신라시대의 화랑도는 둘 다 청소년을 대상으로 하며 신체와 정신을 발전시키고 도덕심과 인격

을 함양한다는 목표를 공유하고 있어요. 그리고 자연에서의 활동을 중시하고 사회적 책임과 리더십을 강조한다는 공통점도 있죠.

특히 스카우트는 지역사회 봉사, 재난구호, 환경보호, 평화와 국제 이해 증진 등 다양한 활동으로 청소년들이 사회적 역할과 책임을 다 하도록 돕습니다. 이러한 경험들은 청소년들이 적극적인 사회 구성 원으로 성장하는 데 중요한 밑거름이 됩니다.

이렇게 볼 때 화랑도는 삼국통일이라는 대업을 이루는 데 큰 역할 과 책임을 다했다고 말할 수 있어요. 실제 『삼국유사』도 전하기를 "무리를 뽑아서 그들에게 효도와 우애, 충성을 가르쳐 나라를 다스 리는 데 인재로 삼는다"라고 화랑도의 설립 목적을 소개하고 있죠. 신라의 삼국통일에 필요한 많은 인재를 배출해 시대가 요구하는 사 회적 역할과 책임을 다한 단체가 바로 화랑도랍니다.

Q2. 조선시대에 유행하던 스포츠는 돌싸움이었다고?

조선시대 사람들은 어떤 스포츠를 즐겼을까요? 오늘날 방영되는 사극으로 확인할 수 있듯이 활쏘기, 사냥, 무예 대련 정도로 예상할 수 있을 텐데요. 조선시대에는 전통적인 스포츠라 할 수 있는 '석전石戰' 이라는 돌싸움이 유행이었어요. 이 돌싸움은 매우 치열했는데 실제로 피를 보거나 돌에 맞아 죽는 사람이 나오기까지 했습니다. 무시무시한 놀이죠?

그런데 이러한 사고가 생겨도 피해를 보상받거나 상대를 처벌할 수 없었어요. 이 돌싸움은 주로 마을 간의 대결과 경쟁으로 이뤄졌는데 이를 악용해 원수를 갚는 일이 허다하게 발생하곤 했답니다. 이렇다 보니 당시 임금의 생각에 따라 금지하거나 더욱 장려하기도 했는데, 태종 이방원은 아파서 끙끙 앓는 중에도 석전만큼은 구경했다고

근대 개항기의 풍속화가 김준근의 〈기산풍속도첩〉 중 석전하는 모습.

합니다. 반대로 태종의 아들 세종대왕은 싫어하지는 않았으나 사람들이 자꾸 죽어 나가니 금지했다고 전해져요.

석전에서 승리하는 법

조선시대에 유행한 석전은 고려시대에도 있었고 삼국시대의 고구려에서도 행하던 놀이로 알려져 있어요. 놀이 문화로 발전하기 전에는 군사훈련과 전투기술로 활용됐는데, 무기가 부족했던 옛날에는 길에서 쉽게 주울 수 있는 돌을 무기로 사용했던 거죠. 그러다가 조선시대에 이르러서는 마을 대 마을이 경쟁하는 스포츠로 자리 잡았어요. 주로 단오나 정월대보름에 행해졌고 석전에서 이기면 행운이 올 거라는 주술적인 믿음도 있었다고 합니다. 오늘날 운동선수들이 연봉을 받듯이 전문 석전꾼들은 용병으로 활동하면서 금전적인 보상까지 받았다고 전해집니다.

석전이 돌을 던지는 놀이였던 만큼 거리 조절이 중요했어요. 돌을 던져 목표한 상대를 정확하게 맞추기 위해서는 거리와 힘을 적절하게 가늠할 필요가 있었죠. 이는 석전에 참여하는 용병이라면 오랫동안 훈련해서 반드시 습득해야 하는 능력이었답니다. 방어 기술도 공격 기술만큼이나 중요했어요. 날아오는 돌에 한 번만 잘못 맞아도 큰 피해를 당할 수 있었기 때문이죠. 그래서 날아오는 돌을 잘 피하거나 막는 기술이 중요했고, 때로는 떨어진 적의 돌을 다시 활용하기도 했어요.

그런데 애초에 공격과 방어에 불리한 지형에 있다면 아무 소용이 없겠죠. 그래서 공수에 유리한 위치를 선점하는 게 무엇보다 중요했어요. 높은 곳에서 공격하거나 장애물을 이용해 적의 돌을 피하는 게 유리했거든요. 이런 모습은 현대인이 비비탄총이나 물감총을 들고 싸우는 서바이벌 게임 전략과 비슷해요. 서바이벌 게임에서도 지형지물을 잘 활용해 상대 진영까지 침투하는 게 승리의 중요한 전략이거든요.

돌팔매질로 승리한 행주대첩

석전을 평소에 스포츠처럼 자주 즐긴 조선인들은 실제 전쟁에 참가해 돌로 함께 싸웠다는 전례도 있습니다. 대표적으로 조선시대의 임진왜란 중 1593년에 일어난 행주대첩^{선조 26년}을 들 수 있는데요. 전투 중 아낙네들이 앞치마에 돌을 잔뜩 모아 날라 줬고, 이렇게 모인 돌은 성을 지키는 데 기가 막히게 요긴한 무기가 됐어요. 그래서 우스갯소리로 행주대첩에서 아낙네들이 행주치마로 돌을 날라 왜군을 말끔히 해치웠다고 해서 '깨끗하게 청소할 때 사용하는 행주'가 여기서 유래됐다고 해요. 이렇듯 석전은 독특한 전투기술과 무기로 활용됐어요.

그리고 성을 지킬 때 중요한 게 바로 궁수부대와 포병인데요. 전문 석전꾼들은 투석부대의 포병으로 활약할 수 있었으리라 짐작돼요. 큰 돌은 멀리 쏘는 대포의 힘이 필요했지만 가까운 거리는 돌팔매질로 상대를 제압할 수 있었기 때문이죠. 돌팔매 하면 구약성경의 유명한 이야기인 다윗과 골리앗의 대결이 떠오르는데 다윗이 골리앗을 때려눕힌 무기도 돌이었어요.

이렇게 전쟁에 훌륭하게 활용된 석전은 활과 칼뿐만 아니라 돌팔매질 역시 중요한 전략적 무기로써 민족 저항의 상징으로 자랑스럽게 남아 있답니다.

저항을 상징하는 전통 무예

돌싸움이 우리 조상들의 스포츠였다니! 이는 놀라움을 주기에 충분합니다. 한편으로는 '왜 하필 야만스럽게 돌을 던지며 놀았을까?'라고 생각할 수도 있죠. 당시에도 좋아하는 사람과 싫어하는 사람이 많이 갈렸답니다. 임금의 취향에 따라 금지된 적도 있으니까요. 그런데도 우리는 석전이 주는 상당한 의미를 발견할 수 있어요.

현대 스포츠의 팀워크처럼 그들은 돌싸움을 하며 마을끼리 협력하고 전략을 발휘했어요. 그리고 무엇보다 석전은 임진왜란 중에 저항의 상징으로 쓰였습니다. 일본군의 침략에 맞서 싸우던 우리 선조들은 돌을 던지며 민족의 결속력을 다지고 저항 의지를 불태웠죠. 이는 조선인들의 끈기와 용기를 잘 보여 줍니다. 또한 석전은 지략과 기술이 요구되는 스포츠였어요. 돌은 던지는 행위는 정확한 목표 설정과 힘 조절, 팀원 간의 소통과 협동을 필요했기에 단순한 무력 대결이 아닌 정신과 기술의 조화를 이룬 전통 무예로 볼 수 있답니다.

다만 현대사회에서 석전을 즐기면 큰일 나요. 경찰서에 붙잡혀 가겠죠? 따라서 오늘날에는 콩주머니 던지기, 피구와 같은 형태로 변형돼 맥을 이어가고 있어요. 우리가 즐겨 하는 피구의 유래가 석전일지도 모를 일입니다.

우리나라 왕들이 가장 사랑했던 스포츠는 무엇일까?

스포츠의 사회적 역할은 참 다양합니다. 어린이와 청소년은 축구나 농구를 즐기며 친구들과 친해질 수 있는 시간과 공간을 만들죠. 어른들도 스포츠로 사회 활동을 하며 많은 사람과 친해지죠. 특히 자연 속에서 즐기는 골프나 낚시는 비즈니스의 장으로 활용되기도 해요. 어떤 국가의 정치인이나 외교관 또는 정상들은 골프를 함께 치며 외교를 하기도 한답니다.

특별히 우리 선조들은 매를 날려 사냥하는 '방응放鷹'이라 일컫는 스포츠로 외교도 하고 전투 목적으로 활용하기도 했어요. 그리고 임금의 권위와 신하들과의 화합을 위해 매사냥을 활용하기도 했습니다. 조선시대 귀족들은 자신들의 권력을 드러내기 좋아했는데요. 웅장한 규모로 치러지는 방응은 임금의 위엄을 드러냈고 선보인 뛰어난 매사냥 실력은 사회적 지위를 높였어요. 또한 방응이 전통 사냥술을 계승하며 문화적 가치를 지니는 중요한 활동이다 보니 귀족들이 주로 즐길 수밖에 없는 사회적 상황이었답니다.

광개토대왕과 진평왕의 사냥놀이

고구려의 광개토대왕은 우리나라 역사에서 광활한 영토를 정복한 강력한 군주로서 알려져 있어요. 그는 뛰어난 사냥꾼으로도 유명했답니다. 광개토대왕은 고구려의 귀족들과 함께 대규모 사냥 행사를 주기적으로 개최했어요. 그는 자신의 기마술과 활쏘기 실력을 선보이며 대대적인 사냥을 이끌고 즐겼죠. 사냥은 말을 타고 활을 쏴야 하기 때문에 스포츠라고 볼 수 있어요. 그리고 그저 동물을 잡는 게 아니라 사냥을 하며 귀족들과 결속을 강화하고 전쟁에 필요한 군사 기술을 연마하는 기회가 됐답니다.

특히 삼국시대의 역사를 기록한 『삼국사기』에는 신라 진평왕이 매사냥을 했다는 기록이 있어요. 진평왕은 미치광이 남자들과 사냥꾼들을 데리고 날마다 매와 개를 풀어 꿩이나 토끼를 잡는 사냥놀이에 흠뻑 빠져 있었다고 전해져요. 이를 못마땅하게 여긴 충신 김후직은 선대 왕들은 부지런히 힘써 나라 발전에 앞장섰는데 진평왕은 매일 사냥놀이에 정신이 팔려 있다고 지적할 정도였어요.

충렬왕의 남다른 방응 사랑

고려의 건국 왕 왕건은 방응을 매우 즐겼다고 알려져요. 나아가 충렬왕 때는 국가가 직접 매를 기르는 응방鷹坊이라는 관아까지 만들었어요. 그 이유를 살펴보니 충렬왕은 어린 시절을 몽골에서 보내며 매사냥을 배웠는데 엄청난 재미를 느낀 모양이에요. 고려에 돌아와서도 매사냥만큼은 계속하고 싶어 왕궁 근처 개경이라는 곳에 매를 키우는 큰 집, 즉 매방을 지었어요.

하지만 매가 때때로 사람을 공격하고 닭이나 오리를 공격해서 마을 사람들이 큰 피해를 보게 됐죠. 그런데도 충렬왕은 신하에게 다른 좋은 매방 자리를 찾으라고 명령할 정도로 매사냥을 포기할 수 없었답니다. 이러한 왕들의 매사냥 사랑을 볼 때 방응은 귀족이나 왕족이 즐겨 한 스포츠였고 외교적 수단으로도 쓰였다는 걸 유추해 볼 수 있어요. 현대의 골프와 같은 거죠.

로열패밀리의 취미

조선의 로열패밀리는 두말할 것도 없이 조선을 건국한 태조 이성계부터 태종 이방원과 그의 아들 세종 이도입니다. 이들의 업적은 건국

조선시대 풍속화가 김홍도가 매사냥하는 모습을 그린 〈호귀응엽도〉.

과 왕권 강화 그리고 한글 창제와 과학의 발전을 꼽을 수 있는데, 이런 이미지와 달리 매사냥을 무척 즐겼다고 해요. 조선시대의 어느 왕들도 이 삼대의 매사냥 사랑을 따라갈 수 없다고 해요.

이성계는 왕에서 물러난 뒤에도 매사냥만큼은 즐겼다고 알려져 있어요. 특히 1395년에 한강 변에 응방을 만들었어요. 고려 충렬왕처럼 방응에 공을 들인 것이죠.

이성계의 다섯째 아들 이방원은 권력을 차지하기 위해 아버지가 총애하는 정도전을 죽이고 이복형제까지 잔인하게 죽일 만큼 조선 최고의 킬러로 알려져 있어요. 이런 무서운 본성이 있는 왕이었던 만큼 사냥도 거대하게 즐겼다고 합니다. 특히 매를 조종해서 기러기 같은 대물만 노렸다고 해요. 가을부터 봄까지 매사냥 철이 돌아올 때면 궁에 머물지 않고 매사냥을 나갔으며 심지어 일주일 동안 중요한 일을 미루고 매사냥에 전념하기도 했답니다. 신하들이 사냥에 너무 빠져 국정을 소홀히 할까 봐 걱정하자 "사람은 몸을 움직여야 하고, 옛 문헌에도 왕에게 사냥을 권장한다"라며 핀잔을 줄 정도였어요. 이방원의 매사냥 사랑은 정말 대단했죠.

　이러한 아버지와 달리 세종 이도는 직접 매사냥을 하기보다 관람하는 걸 즐겼어요. 주변에 운동은 잘하지 못해도 구경하는 건 좋아하는 친구 같은 이도였죠. 이도는 매사냥 구경이 스트레스를 푸는 데 도움이 된다고 생각했어요. 나중에 건강이 나빠지면서 구경도 못 하게 됐지만 그에게 매사냥은 일상 속의 작은 즐거움이었답니다.

매사냥의 문화적 의미

매사냥은 용맹, 지혜, 권력을 상징하는 문화적 의미를 지니고 있었습니다. 날카로운 발톱과 시력으로 사냥감을 포획하는 매의 모습을 자신에게 투영하고 싶었을지 몰라요. 그리고 훈련된 매는 사냥감의 움직임을 예측하고 적절한 시점에 공격하는 전략을 세울 수 있었는데, 이러한 모습에서 지혜로운 지도자의 모습을 엿볼 수 있었기에 왕들이 그토록 즐긴 게 아닐까요? 또 때로는 매사냥을 하며 중요한 외교적 사안까지 오고 가지 않았을지 상상해 봅니다.

매사냥은 사회계층을 구분하는 중요한 기준이기도 했어요. 왕족과 귀족만이 매사냥을 즐길 수 있었기에 권력을 상징하는 스포츠였던 거죠. 평민들은 그들의 사냥감을 마련하는 역할만 할 수 있었어요.

동물과 함께하는 현대 스포츠

과거 선조들에게 매사냥이라는 스포츠가 있었다면 오늘날 우리에게는 동물과 함께할 수 있는 어떤 스포츠가 있을까요? 경마, 소싸움, 투견대회 등 동물과 함께하는 다양한 형태의 스포츠가 성행 중입니다. 물론 동물복지를 위한 윤리적 관점과 전통을 위한 문화적 관점이 충돌하는 논쟁의 대상이 되기도 해요.

동물과 함께하는 스포츠는 그들을 파트너로 인식하며 교감하는 문화가 올바르게 정착하는 것이 정말 중요해 보입니다. 영화 〈각설탕〉에서 주인공이 경주마 천둥과 교감하는 장면이 떠오르는데요. 주인공이 이런 말을 합니다. "말을 달리게 하는 건 채찍이 아니라 기수의 마음입니다."

동아일보가 손기정 선수의
유니폼 국기를 지운 이유는?

올림픽의 꽃은 마라톤이라고 합니다. 인간의 한계를 극복하고서야 결승점에 도달할 수 있는 가장 힘든 경기라고 모두가 인정하기 때문이에요. 그래서 하계올림픽의 맨 마지막 종목이죠. 마라톤은 42.195km를 달리는 동안 쉴 수가 없어요. 축구나 농구처럼 전반전이 끝나고 휴식, 작전타임 같은 것도 없이 쉬지 않고 꾸준히 달려야 하고, 달리는 동안 포기하고픈 감정을 억누르며 골인 지점을 향해 뛰고 또 뛰어야 하는 자신과 끝없는 싸움이죠. 그래서 마라톤이 가장 올림픽 정신에 가깝다고 볼 수 있어요.

이런 마라톤으로 제대로 먹지도 입지도 훈련하지도 못한 환경에서 올림픽 금메달을 따낸 사나이가 있는데, 바로 우리나라 역대 최초의 올림픽 금메달리스트 손기정 선수입니다. 국제올림픽위원회IOC는 손기정 선수의 금메달을 공식적으로 일본의 메달로 밝히지만 실은 자랑스러운 한국인이 딴 금메달인 게 사실입니다.

최초의 올림픽 금메달리스트 손기정 선수

손기정 선수는 정말 어려운 시기에 자랐어요. 일제강점기에 가난한 가정에서 태어나서 한 끼 식사조차 힘들었던 때도 있었지만 그는 포기하지 않았어요. 달리기를 향한 열정이 그를 이끌었습니다. 손기정 선수는 자신의 목표를 향해 꾸준한 노력으로 능력을 키워 나갔어요. 그리고 1936년 베를린 올림픽에서 그는 최고의 성적을 거두며 금메달을 획득했어요. 함께 출전한 남승룡 선수도 동메달을 획득하는 쾌거를 이뤘답니다.

그런데 그들이 획득한 건 단순히 눈에 보이는 메달만이 아니었어요. 우리 민족이 일제로부터 나라를 빼앗기고 탄압받으며 고통 속에서 쌓였던 서러움을 닦아 줬고, 조국에 대한 자긍심이 무엇인지 알려주는 위대한 성과였어요.

하지만 시상식에서 손기정과 남승룡 선수의 메달은 대한민국이 아닌 일본의 것으로 소개되며 태극기 대신 일본의 일장기가 게양됐어요. 이는 한국인의 정체성과 존엄성을 무시하는 일이었습니다. 그래서 남승룡 선수는 손기정 선수가 금메달을 딴 것보다 묘목을 받아

가슴에 달린 일장기를 가릴 수 있던 것을 부러워했다고 합니다.

동아일보의 일장기 말소의거

한편 동아일보는 신문에 손기정 선수의 수상 사진을 게재하면서 유니폼에 달린 일장기를 지웠어요. 물론 지금과 같은 편집 기술이 없었기에 색칠을 해서라도 일장기를 지워 버린 것이죠. 편집자는 일장기를 지우며 일본의 심장을 도려내는 기분이었을 테고, 이 일로 어떤 고초를 겪을지 알면서도 시도한 행동이라는 점에 주목해야 해요.

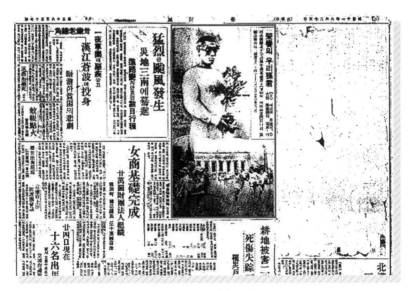

손기정 선수의 유니폼에서 일장기가 지워진 동아일보 신문.

이 사건은 우리 민족의 정체성과 국가를 지키기 위한 용기와 투지가 얼마나 중요한지를 보여 주는 대표적인 의거義擧, 정의를 위해 개인이나 집단이 의로운 일을 도모하는 것입니다. 어떤 이들은 일장기 말소사건이라 기록하지만 일장기 말소'의거'라고 표현하는 게 올바릅니다.

예상했듯이 이러한 용감한 행동은 후폭풍을 겪었어요. 동아일보는 일장기를 지운 일로 조선총독부가 해당 편집자를 체포하고 감옥에 넣었어요. 이 의거는 당시 한국인들의 민족적 자존심과 항일정신을 일으키는 중요한 사건이었습니다. 귀국한 손기정 선수에 대한 일제의 탄압과 감시는 더욱 심해졌어요. 금메달리스트를 보호한다는 명목으로 경호했지만 사실은 감시를 한 것이었어요. 그만큼 손기정 선수가 우리 민족에게 미치는 영향력이 매우 컸기에 일제의 감시는 더욱더 집요해졌던 거죠. 그러나 어차피 그는 일본을 위해 다시는 뛰지 않겠다며 다짐했기에 조금 피곤했을 뿐 감시는 무의미했답니다.

스포츠와 민족의식

동아일보의 일장기 말소의거는 우리에게 민족의 정체성과 조국을 지키기 위해서는 용기와 투지가 필요하다는 것을 가르쳐 줍니다. 그리고 대의를 위해 행동했던 이들을 기억하고 존경하는 게 중요하다는 교훈을 전해 주죠.

단순히 금메달을 부러워한 게 아니라 금메달 수상자에게 주어지는 묘목으로 일장기를 가릴 수 있던 걸 부러워했다는 남승룡 선수의 이야기는 일장기 말소의거만큼이나 나라를 잃은 마라토너의 민족의식이 어떤지를 알려 줍니다. 더불어 시상 장면을 보면 유독 남승룡 선수는 바지를 배 위로 올려 입는 배바지를 입고 있는데, 이는 바로 최대한 일장기를 가려 보려 했던 그의 슬픈 마음을 상징하고 있답니다. 촌스럽게 왜 저런 배바지를 입었어, 라고 생각하면 안 돼요. 수상의 기쁨보다 수상대에서 일장기를 드러내는 수치심이 더 클 수밖에 없었던 심정을 우리가 이해하고 공감해야 해요.

　손기정 선수도 모든 국민이 감동하고 기뻐할 때 가장 슬펐다고 전해져요. 자서전에서 시상대에 올라 일장기 앞에선 자신의 심정을 이렇게 쓰고 있어요. "상상은 했었지만, 내 우승의 표시로 막상 일장기가 올라갈 때 피가 거꾸로 흐르는 것 같았어요." 일본 국가대표로 출전해야 했던 손기정 선수는 베를린 올림픽 개막 두 달 전부터 베를린에 먼저 도착해 올림픽을 준비했어요. 그 기간 동안 손기정 선수는 연습을 하든 단체 모임에 참석하든 사진을 찍든 한 번도 일장기가 그려진 유니폼을 입지 않았답니다. 단체 사진에서 확인할 수 있는 손기정 선수는 깔끔한 양복을 차려입은 모습인데, 양복에는 유니폼처럼 일장기를 달지 않아도 됐기 때문이에요. 그리고 우승 후 금메달리스트들이 사인을 남기는 독일의 국빈 방명록에 손기정 선수가 이렇게 적습니다. "손기정 KOREA"라고요.

손기정 감독은 왜
대회 출전을 포기했을까?

1947년 봄 미국 보스턴 거리는 마라톤대회를 앞두고 축제를 성공적으로 개최하기 위해 만반의 준비를 하느라 분주했어요. 세계 각국에서 온 마라토너들은 꿈을 향해 달리기 위해 코스를 미리 확인하며 준비하고 있었어요. 그중에는 한국에서 온 1936년 베를린 올림픽의 마라톤 금메달리스트인 민족의 영웅 손기정 감독과 2명의 마라토너 서윤복과 남승룡도 함께했어요.

그러나 그들이 원하는 건 그저 승리가 아니었어요. 한국이라는 조국의 정체성과 마주하며 그것을 어떻게 전 세계에 표현해야 할지 고민하고 있었습니다. 대체 무슨 일이 있었던 걸까요?

성조기 유니폼을 고민하며

영화 〈1947 보스턴〉을 봤나요? 이 영화는 실화를 바탕으로 만들어진 영화입니다. 다만 영화 곳곳에 작가의 상상이 녹아 있는 장면, 즉 사실이 아닌 장면이 몇 있지만 그런데도 역사적 사실을 바탕으로 한 허구이기에 관람하는 사람으로 하여금 당시의 시대적 상황과 마라톤으로 전달받는 감동과 교훈이 충분한 작품입니다. 대표적인 허구의 장면을 소개할게요.

손기정 감독과 서윤복, 남승룡 선수는 마라톤대회조직위원회로부터 받은 성조기가 새겨진 유니폼을 앞에 두고 고민에 빠졌어요. 이 유니폼을 입고 뛰는 건은 마치 한민족의 정체성을 부정하는 것 같았기 때문입니다. 그들에게 이번 대회는 단순히 경기가 아닌 우리나라의 자긍심을 세계에 보여 주고픈 기회였어요. 우리나라가 일본으로부터 해방돼 독립된 국가라는 사실을 전 세계에 알리고 싶어 했죠. 그래서 결국 그들은 신념을 따라 성조기가 새겨진 유니폼을 거부하고 대회 출전을 포기하기로 합니다.

그러나 이 결정은 사실이 아니에요. 실제는 태극기와 성조기가 함께 그려져 있고 영어로 KOREA라고 새겨진 유니폼을 입고 달린답니다. 영화의 극적인 효과를 위한 허구의 장면이었던 거죠. 그리고 실제 시상식에서는 태극기만 그려진 유니폼을 입었답니다. 철저하게 손기정 선수의 정체성을 무시했던 베를린 올림픽과 달리 보스턴

태극기와 KOREA가 새겨진 유니폼을 입고 우승하는 서윤복 선수. ⓒ 한국학중앙연구원.

마라톤대회에서는 한미 양국의 우호적 관계를 확인할 수 있어요.

다만 앞선 장면이 허구라고 해도 손기정 감독과 서윤복, 남승룡 선수가 어떤 마음으로 대회에 참가했는지는 결코 변하지 않을 거예요. 민족의 자긍심과 한국이라는 조국을 알리기 위한 목적 말이죠.

대한민국 마라토너들의 발자취

마라톤과 조국을 너무 사랑한 3명의 영웅, 손기정 감독과 서윤복 그리고 남승룡 선수에게 마라톤은 자신과의 싸움, 끝없는 도전, 마침내 한계를 넘어서는 승리를 의미했어요. 이들의 모든 행위가 우리 민족의 자긍심을 나타내는 무언의 메시지를 담고 있었답니다.

손기정 감독은 한국 마라톤의 아버지로 후배들에게 길을 밝혀 주는 등대와 같았습니다. 그의 가르침 아래 서윤복 선수는 1947년 보스턴 마라톤대회에서 우승을 차지하고, 1950년 보스턴 마라톤대회에서는 한국 선수들이 1, 2, 3위를 싹쓸이하며 마라톤계에 대한민국의 이름을 빛나게 했답니다. 1992년 바르셀로나 올림픽에서 황영조 선수가 금메달을 획득했고, 1996년 애틀랜타 올림픽에서 이봉주 선수는 은메달을 목에 걸었죠. 그리고 2001년 이봉주 선수가 보스턴 마라톤대회에서 우승하며 그의 역사를 새로 썼죠.

이 영웅들의 이야기는 그저 빠르게 달려 금메달을 목에 건 기쁨을 전하는 것에 그치지 않아요. 이들의 발자취는 한국인이 꿈꾸고 도전하는 방식을 완전히 바꿔 놨어요. 마라톤이라는 긴 여정으로 그들은 자신의 정체성을 발견하고 신념을 지키며 결국에는 스스로와의 싸움에서 이기는 법을 후배들에게 전달할 수 있었습니다.

전설의 마라토너들이 남긴 것

전설의 마라토너 이야기들은 시대를 초월한 메시지를 담고 있습니다. 그들은 한민족의 정체성과 자긍심을 지키기 위해 대담한 결정을 내렸고 그 과정에서 진정한 스포츠 정신을 보여 줬어요. 물론 영화의 허구로 표현된 것이지만 만약 사실이었어도 그들은 대한민국을 대표하는 국가대표로서 참가 거부를 대담하게 택했을지 모를 일입니다.

이는 자신의 신념과 정체성을 소중히 여기라는 교훈을 줍니다. 우리는 각자만의 꿈과 정체성을 가지고 있으며, 그것을 지키기 위한 용기와 결단이 자신을 진정으로 성장하도록 만들 거예요. 마라토너들의 용기 있는 선택이 여러분 각자의 삶에서 어떤 의미가 있을지 생각해 보고 그들처럼 자신의 길을 당당히 걸어가세요. 마라토너처럼 길게 보며 긴 호흡으로요.

야구, 농구, 축구는 우리나라에 어떻게 들어왔을까?

KBS 〈역사저널 그날〉에서 우리나라의 근대 스포츠 보급과 관련된 이야기를 본 적이 있습니다. 특히 야구가 YMCA의 질레트 선교사를 통해 들어오는 과정이 흥미로웠어요. 당시에는 야구 장비도 부족했고 훈련도 체계적이지 않았고 복잡한 규칙도 몰랐기에 경기 진행이 허술했어요. 운동장은 울퉁불퉁하고 돌이 많아 슬라이딩은 다칠 각오가 필요했고, 관중들은 선수들의 숨소리가 들릴 정도로 가까운 곳에 있다 보니 파울볼에 맞아 다치는 일도 흔했습니다. 포수는 엉거주춤한 자세로 공을 완벽하게 통제하지 못했고, 배트는 귀해서 1개를 두 팀이 번갈아 사용했다고 해요.

지금 우리나라 야구는 연 800만 관중 시대를 열었어요. 한 번쯤은 야구장에 가 봤을 테죠? 이렇게 우리가 좋아하는 야구도 초창기에는 모든 게 어설펐고 모든 팀이 배트 하나로 공을 칠 정도였다고 하니 머릿속에 선조들이 시원찮게 야구를 하는 그림이 그려지나요?

우리나라는 개화기와 일제강점기를 거치며 조선에 들어온 선교사들로부터 많은 스포츠를 보급받았답니다. 선교사들은 선교 활동에 스포츠를 적극 활용했어요. 특히 YMCA가 세워지면서 여러 스포츠를 전파했고 코칭도 직접 해 줬습니다. YMCA Young Men's Chritian Association, 기독교에 바탕을 둔 국제적인 청년운동 단체는 영국에서 1844년 산업혁명 시기에 결성한 개신교 민간단체며 복음주의에 뿌리를 두고 있어요. 우리나라에는 1903년 개화기에 들어왔는데 당시에는 '황성기독교청년회'라 불렀어요. 특히 스포츠 보급에 앞장섰는데 대표적으로 농구와 야구와 같은 오늘날 인기 있는 대중 스포츠를 이 땅에 뿌리내리게 하는 데 큰 공이 있답니다. 더불어 개신교와 서양 문화 전파에 큰 역할을 한 단체며, 지금도 지역마다 YMCA는 여러 스포츠 프로그램을 진행하고 있답니다. YMCA 유아체능단, YMCA 축구교실, YMCA 농구교실, YMCA 체대입시 등이 있어요.

야구를 전파한 질레트 선교사

YMCA의 초대 총무로 일하던 필립 질레트 Philip Gillett 선교사의 주도로 우리나라에 야구가 보급됐어요. 질레트는 YMCA 회원들에게 야구

1930년 YMCA 동계농구연맹전. © 서울 YMCA.

를 직접 소개하며 지도했습니다. 그렇게 야구를 배운 회원들이 후에 각급 학교에서 야구를 지도하는 등 초창기 야구계를 주도했어요. 그는 처음부터 야구를 전파하려는 목적으로 한국에 왔던 건 아니었어요. 그가 미국을 떠날 때 야구 장비를 가져왔지만, 이는 단지 여가를 즐기며 운동하기 위해서였고 소싯적 야구선수로 활약했기에 들고 온 것이었죠. 그러나 몇 년 후 한국 사람들이 야구에 대단한 흥미를 보이는 걸 확인하고 YMCA 활동에 도움이 되리라 판단해 회원들을 대상으로만 야구를 가르치게 된 거예요.

한국 야구사에 기록된 최초의 공식 야구경기는 1906년 2월 중에 훈련원에서 열린 덕어학교 대 YMCA 야구단 경기로, 덕어학교가 하루에 치른 세 경기에서 모두 이겼다고 전해져요. 이후 엿새 뒤 YMCA 야구단은 다시 한번 덕어학교와 맞붙었지만 또 패배했다는 기록이 있습니다. 그렇다고 덕어학교가 오늘날의 야구팀처럼 잘한다고 볼 순 없어요. 당시의 야구 수준은 매우 낮았고 장비조차 갖추지 못한 상태였거든요. 선수들은 조선 옷과 짚신을 신고 나왔고 하나의 배트를 교대로 사용했어요. 그럼에도 YMCA 야구단은 꾸준한 실전 경험으로 실력을 배양하며 한국 야구 발전에 큰 역할을 했습니다.

YMCA가 주도한 최초의 경기들

야구뿐만 아니라 축구와 농구 그리고 유도 역시 YMCA를 거쳐 한국에 도입되거나 발전했어요. 우리가 농구를 처음 접하게 된 건 1903년이고, 1907년 7월 여름방학을 맞아 귀국한 일본의 동경 유학생과 서양인 연합팀과의 대결이 우리나라 최초의 공식 농구경기로 알려져 있어요. YMCA 회원들이 이 경기를 관람한 뒤 유학생들이 입은 유니폼을 본떠 비슷하게 만들어 입기 시작했어요.

1916년에는 YMCA 체육관이 만들어지며 농구단이 창설됐어요. 그전까지는 추운 겨울에도 밖에서 농구를 해야 했죠. 체육관에서 열심히 농구를 배운 YMCA 회원들은 1920년 서울에 거주하는 서양인 연합팀과 처음으로 공식 경기를 가졌고, 매년 대회를 열다 보니 여러 학교에서 농구단이 창설되며 점차 한국 농구가 발전하게 됐어요. 한편 여자 농구경기는 1925년 서양 여자팀과 이화학당 여학생들 간의 대결이 최초라고 알려져 있답니다.

축구의 보급 과정에는 여러 이야기가 있어요. 다만 최초의 축구경기를 YMCA가 주도했다는 건 분명합니다. 1906년 3월 삼선평에서 열린 YMCA 축구단과 대한체육구락부의 대결이 최초의 축구경기로 알려져 있어요. 그 밖의 유도나 권투 같은 투기 스포츠 보급에도 YMCA가 선구자적인 역할을 했답니다. 이렇듯 YMCA는 한국에서 다양한 스포츠가 발전하는 데 핵심적인 역할을 하며 중요하게 기여한 것으로 평가받고 있답니다.

우리나라의 첫 운동회

1896년 5월 2일에는 우리나라에서 매우 특별한 운동회가 열렸어요. 이 운동회는 '화류회'라 불렸고 영국인 허치슨Hutchison 선생님의 주도로 영어 학교에서 처음으로 열었답니다. 이 운동회는 단지 뛰어놀기만 하는 게 아니었어요. 여러 사람이 모여 함께 어울리며 몸과 마음 모두 성장할 수 있는 아주 멋진 날이었어요. 이 운동회는 특별했는데 영어 학교 학생이 아니더라도 모든 사람이 참여할 수 있었기 때문이에요. 특히 '화류'라는 놀이를 즐겼는데 서양의 하키와 비슷한 게임 '장치기', 운동회의 하이라이트 '줄다리기', '바가지 밟기' 등 놀이를 화류라고 불렀습니다. 일제강점기에 찌들어 있던 국민에게 참 즐거웠을 행사였을 거예요.

시간이 흘러 1905년에는 운동회가 조금 달라졌어요. 공동체를 형성하고 많은 사회적 교류가 일어나는 오늘날의 사회체육 성격을 띠게 됐어요. 이제는 우리나라 사람들이 더 큰 꿈을 꾸게 도와주는 자리가 됐어요. 한국이 더 독립적이고 강해지기를 바라는 마음을 나누게 된 거죠.

한국 체육사의 중요한 연결고리

근대 스포츠의 보급 과정은 그 자체로 우리나라 역사와 문화에 깊은 영향을 미쳤습니다. YMCA와 질레트 선교사가 초창기 야구 보급에 이바지한 이야기는 특히나 흥미롭죠. 당시에는 모든 게 부족했지만 야구에 대한 열정만큼은 뜨거웠어요. 그리고 그 열정이 이어져 오늘날 연 800만 관중 시대를 연 거죠. 지금도 각 지역의 YMCA는 다양한 스포츠 프로그램을 열며 지역사회의 건강과 화합을 도모하고 있어요. 따라서 YMCA는 근대 스포츠와 현대 스포츠를 연결하는 고리와 같은 역할을 했다는 점에서 한국 체육사에 중요한 키워드라 볼 수 있어요.

초기에 허술했던 우리나라 스포츠를 돌아볼 때 현재 우리에게 주는 교훈은, 모든 시작이 작고 어설플지라도 꾸준한 열정과 헌신이 있다면 무엇이든 이룰 수 있다는 거예요.

Q7. 남북한 태권도는 왜 서로 다를까?

2018년 4월 2일 평양대극장에서 남한과 북한의 태권도 시범단이 합동으로 공연했어요. 남북정상회담을 앞두고 열린 공연이었기에 더욱 많은 관심이 이어졌답니다. 특히 남한식 태권도와 북한식 태권도로 불리는 두 형태의 태권도가 남북처럼 갈라져 서로 다른 방식으로 전 세계에 보급되고 현실이라 합동으로 공연한다는 것은 큰 의미가 있었어요.

여러분도 한 번쯤은 태권도장을 다녀 봤죠? 그런데 실은 태권도가 남북한이 서로 다르다는 놀라운 사실을 알고 있었나요? 어떤 이유로 태권도가 둘로 나뉘게 됐을까요? 그리고 같은 이름을 쓰지만 들여다보면 전혀 다른 남북한의 태권도, 무엇이 어떻게 다를까요?

하나에서 둘로 나뉜 태권도

태권도는 전 세계인들이 사랑하는 스포츠로 발전하고 있어요. 한국의 문화와 정신을 전달하는 중요한 매개체로 여겨져요. 우리에게는 국기이기에 집 근처 편의점처럼 태권도장이 많고 너무나 친근하고 쉽게 접할 수 있죠.

하지만 우리의 국기가 두 갈래 길, 즉 세계태권도연맹WT과 국제태권도연맹ITF으로 나뉘게 된 이야기는 한 편의 드라마와도 같습니다. 태권도는 20세기 중반 우리 민족 고유의 무술에서 현대적인 무술로 발전하기 시작했어요. 그런데 시간이 흐르면서 태권도는 두 가지의 다른 경로를 걷게 됩니다. 하나는 1973년에 설립된 세계태권도연맹이 주도하는 태권도로 올림픽 정식종목으로 인정받으며 전 세계적인 스포츠로 자리 잡았어요. 다른 하나는 무술가 최홍희가 1966년에 설립한 국제태권도연맹이 주도하는 태권도로 북한과 밀접한 관련이 있으며 실전을 위한 자세와 기술에 더 중점을 두고 있어요. 최홍희 전 총재는 먼저 조직을 설립해 이후 세계태권도연맹 설립에 영향을 끼치기도 했어요.

제가 2004년에 태권도 시범단으로 동유럽을 다녀온 적이 있습니다. 그곳은 공산주의의 영향을 받아서인지 ITF 태권도가 유행처럼 번지고 있었어요. WT 태권도가 익숙한 저에게 ITF 태권도는 마치 전혀 다른 스포츠처럼 다가왔어요. ITF 태권도는 기술보다는 힘을

WT 태권도와 달리 글러브를 착용하고 진행하는 ITF 태권도의 겨루기.

강조했는데 이는 WT 태권도의 화려한 발차기와는 크게 달랐어요. WT 태권도 시범에서는 발차기의 예술성을 돋보이고자 송판이 깨질 때 터질 폭약을 붙여 놓거나 색종이 조각과 밀가루가 퍼지며 날아가 도록 작업을 합니다. 태권도가 가진 공연성을 강조하는 거죠. 반면 ITF 태권도는 두꺼운 송판을 완전히 격파하고 실전을 방불케 하는 겨루기를 진행했어요. 송판이 다 깨질 때까지 격파하는 모습이 다소 안타깝기도 했지만 사범을 향한 존중과 예의를 철저히 지키는 모습 이 기억에 남았어요. 이렇게 남북한 태권도의 차이점을 직접 눈으로 확인할 수 있었던 경험은 굉장히 신선했고 인상 깊었답니다.

WT 태권도와 ITF 태권도의 서로 다른 지향점

WT 태권도는 대중화를 목적으로 전자보호대를 차고 주로 발차기를 사용하며 겨루는 점수제 경기로 진행됩니다. 이는 태권도의 역동성을 관람객에게 선보이며 친화적으로 만들어 태권도의 글로벌 인기를 높이는 데 이바지했어요. 지금의 올림픽 태권도가 바로 WT 태권도고 흔히 우리 주변에 많은 태권도장이 WT식 태권도장이랍니다.

반대로 ITF 태권도는 품새를 익히고 실전을 대비한 방어 기술 단련에 목적을 두고 있습니다. 이는 태권도가 대중 스포츠의 의미를 넘어 실생활에서의 자기방어와 정신수양의 중요성을 강조하는 것이죠. 특히 '사인웨이브sine wave'를 중시하는데, 이것은 ITF 태권도의 핵심 원리로 수학 시간에 보던 사인곡선처럼 신체가 '올라갔다 내려갔다' 하는 이론과 같아요. 초기에는 존재하지 않았지만 최홍희 전 총재가 캐나다 망명 이후 한 물리학자와 담화를 나누다가 영감을 얻어 체계화했답니다.

유네스코 등재를 위한 노력

태권도의 이 두 갈래 길은 단순히 기술과 목적의 차이를 넘어서 살아가는 세상과 우리가 어떻게 연결돼 있는지를 보여 줍니다. WT 태권도의 세계화 노력은 다양한 배경을 가진 사람들이 하나의 스포츠 안에서 문화를 전파하고 교류하며 서로를 이해하고 소통할 수 있게 만들었어요. 이는 스포츠 문화의 힘을 보여 주는 좋은 예이며 덕분에 우리나라 코치들이 많은 나라에서 활동할 수 있게 됐답니다.

한편 ITF 태권도는 민족의 전통과 정신을 강조함으로써 우리가 어디에서 왔는지 뿌리를 상기시킵니다. 이는 스포츠로 나와 우리의 과거를 탐색할 기회를 얻을 수 있다는 면에서 가치를 찾을 수 있어요.

WF와 ITF는 이렇게 훌륭한 두 갈래의 태권도를 유네스코^{UNESCO}무형문화유산에 등재하려는 공동의 노력을 다하고 있어요. 나아가 통합할 수 있다는 기대도 있지만 갈 길은 멀어 보여요. 단증도 하나로 통일해야 하고 기술도 맞춰야 하는 물리적 한계도 있을 거예요. 그리고 태권도로만이 아니라 남북관계가 잘 풀려야 가능하기 때문이죠. 그렇더라도 민족의 자랑인 태권도는 하나의 길로 나아가려는 노력을 멈추지 말아야 합니다.

하나로 묶는 위대한 태권도

두 갈래의 태권도 이야기는 방식의 차이를 넘어서는 문화와 정신 그리고 세계와의 소통에 관한 이야기랍니다. WT와 ITF는 각각 다른 길을 걷고 있지만 모두 우리 민족의 자랑스러운 유산을 세계에 알리고 있어요. 우리는 이로써 남북한의 차이를 이해하고 존중하며 함께 성장해 나갈 수 있다는 걸 배워야 합니다.

태권도는 우리가 세상을 바라보는 관점에도 영향을 미쳤어요. 정신 수양과 예의를 중시하는 철학을 전파해 많은 사람에게 자기통제와 상호존중의 가치를 가르쳤어요. 세계 각국에서 태권도를 배우며 다양한 문화와 사람들을 이해하고 존중하는 자세를 배우게 된 것이죠.

태권도는 우리 모두를 하나로 묶어 주는 귀중한 스포츠임을 기억해야 합니다. 가까이 있다고 소중함을 잊으면 안 될 것입니다.

Q8. 대한민국 축구는 어떻게 발전해 왔을까?

여러분은 월드컵을 언제부터 기억하나요? 각자 생년에 따라 기억은 다를 테지만 축구는 사람을 끌어들이는 마법과 같은 힘이 있습니다. 월드컵이 열리는 해면 온 국민이 하나 되어 "대한민국!"을 힘껏 외쳐대니 말입니다. 사실 이렇게 열광하고 좋아하는 월드컵에 우리가 처음 출전했던 시절에는 한반도에서 벌어진 6·25전쟁 여파로 온전한 국가의 형태로 볼 수 없을 만큼 폐허가 된 상황이었답니다.

대한민국의 월드컵 도전사를 살펴보는 일은 단순한 경기 결과 너머에 있는 우리나라의 가치와 존재감을 발견하는 소중한 시간이 될 거예요. 축구가 국가에 대한 자부심과 국민 간의 결속 그리고 세계 무대에서의 성장을 어떻게 도모하는지 알아볼게요.

국제무대로의 첫걸음

1954년 스위스 월드컵은 대한민국 축구 국가대표팀이 처음으로 국제무대에 모습을 드러낸 역사적인 순간입니다. 6·25전쟁의 폐허를 벗어나기 시작한 시점에 이뤄진 첫 도전이라 경험 부족을 여실히 드러냈지만 국제사회에 대한민국이라는 나라의 존재를 알리는 중요한 역할을 했습니다.

첫 경기부터 헝가리에 9-0으로 패배해서 정말 크게 졌구나, 라고 느낄 수 있지만 당시 헝가리는 축구를 정말 잘하는 강국이었어요. 2019년 12월에 손흥민 선수가 번리 FC전에서 넣은 골로 받은 상이

최초로 출전한 월드컵에서 헝가리(왼쪽)와 맞붙고 있는 대한민국 국가대표팀(오른쪽).

'푸스카스'라는 상인데, 이 푸스카스 선수가 속해 있던 팀이 바로 헝가리였답니다. 헝가리는 대회 전 평가전에서 축구 종주국인 잉글랜드를 7-1로 격파할 만큼의 실력을 갖추고 있었고 월드컵 결승전까지 오를 정도였어요. 그러니 최초의 월드컵에서 9-0으로 진 점수만 보고 우리나라가 정말 못 했다고 생각하면 큰 오산입니다.

월드컵 출전은 정식 국가로 인정받은 나라만 출전이 가능해요. 그런데 당시 한국은 전쟁의 혼란으로 비자를 발급받을 수 있는 상태가 아니었어요. 그래서 출전 선수들의 여권이 나오기까지 큰 어려움이 있었습니다. 그리고 대한축구협회는 재정이 부족해 선수들의 비행기표도 구매하기 힘들었어요. 그래서 미군의 수송기를 얻어 타고 일본 도쿄 국제공항으로 간 다음 간신히 스위스행 비행기표를 얻어 태국 방콕, 인도 콜카타, 파키스탄 카라치, 이탈리아 로마를 거친 긴 이동 끝에 스위스 취리히에 도착할 수 있었어요.

이런 우여곡절을 겪으며 치른 강팀 헝가리와의 우리나라 축구경기는 대한민국이라는 나라의 존재를 세계에 알리고 다시 일어설 준비가 됐다고 선포하는 경기였답니다.

성장하는 대한민국 축구

1986년 멕시코 월드컵은 대한민국 축구가 국제무대에서 점진적인 발전을 이루기 시작한 시기입니다. 특히 허정무 선수가 아르헨티나의 마라도나 선수를 걷어찬 사건이 회자되죠. 당시 허정무 선수는 경합 상황에서 공을 걷어 내려다가 마라도나의 허벅지를 걷어찼어요. 곧바로 외신들은 한국이 "태권 축구를 했다"라며 비판했습니다. 하지만 이는 단순한 몸싸움이 아닌 한국이 세계 최고의 선수에 맞서 존재감을 세계에 드러내려는 강한 의지의 표현이라 볼 수 있어요. 우리나라 대표팀은 무려 53차례의 반칙을 범했는데 무슨 일이 있어도 골문을 막아 내려 했던 투철한 의지로 볼 수 있어요.

그리고 모든 조별리그 경기에서 골을 넣었고 불가리아전에서는 무승부를 거두며 최초로 승점을 확보했어요. 이탈리아전에서는 비록 패했지만 만만치 않은 전력을 보여 줬기에 이때부터 '아시아의 호랑이'라고 불리며 전 세계에 대한민국 축구를 알리기 시작했어요.

4년 뒤 1990년 이탈리아 월드컵은 축구 강국과의 격차를 실감하며 우리 축구의 한계를 경험한 대회입니다. 해외 강국들에 대한 정보가 없던 시절이어서 직전 월드컵에서의 선전만을 놓고 많은 기대를 모았던 대회였어요. 아시아 예선 1차전에서 전승하고 최종 순위 1위로 예선전을 통과했기에 잘할 수 있을 거란 믿음이 있었지만, 막상 뚜껑을 열고 보니 세계 축구와의 큰 격차를 실감한 거죠. 3전 전패였지만 스페인전에서 황보관 선수가 골망을 흔든 캐넌슛은 국민의 가슴을 뻥 뚫어 줄 만큼 멋진 슛으로 기억됩니다.

1994년 미국 월드컵에서는 아시아 예선전부터 가시밭길을 걸었고 본선에서도 순탄치 않았어요. 첫 16강 진출을 기대했지만 2무

1패의 아쉬운 성적을 냈고, 독일전에서 우리에게 첫 실점을 안긴 위르겐 클린스만Jurgen Klinsmann 선수는 2023년 3월에 대한민국 국가대표팀 감독으로 부임해 2024년 2월 경질됐죠. 1998년 프랑스 월드컵에서는 차범근 감독이 중도 경질되는 아픔도 겪었어요. 차범근 감독은 한국 축구의 전설적인 인물이지만 성과 부진으로 감독직에서 물러나게 됐답니다. 이 사건은 성공과 실패가 공존하는 스포츠 세계에서 리더십과 책임의 중요성을 일깨우는 계기가 됐습니다. 그리고 지금은 고인이 되신 유상철 감독이 벨기에전에서 골을 넣고 환호하고, 하석주 선수가 멕시코전에서 선취골을 넣고도 무리한 백태클로 다이렉트 퇴장을 당한 장면도 기억에 남아요.

우리에게 뼈아픈 5-0 패배를 안기고 차범근 감독을 경질케 한 당시 네덜란드 국가대표팀 감독이었던 거스 히딩크Guus Hiddink 감독은 2002년 한일 월드컵에서 우리나라 국가대표팀 감독으로 부임하며 새로운 역사의 주인공이 됩니다. 우리에게 뼈아픈 패배를 안겨준 두 인물을 감독으로 선임한 일도 대한민국 월드컵 역사에서 재미 중 하나로 볼 수 있겠네요.

잊을 수 없는 2002년 한일 월드컵

2002년 한일 월드컵은 대한민국 축구사와 스포츠사에서 가장 빛나는 순간으로 기억됩니다. 일본과 공동 주최국으로서 4강 진출이라는 역사적인 성과를 달성했으며, 이는 국민의 자부심과 함께 한국이라는 나라의 국제적인 인지도를 높이는 데 크게 이바지했기 때문이에요. 이 대회로 대한민국은 축구 강국으로서의 면모를 세계에 각인시켰고 축구로 국가 이미지가 긍정적으로 변화하는 모습을 목격할 수 있었습니다.

특히 4강 진출이라는 우수한 성적으로 박지성과 이영표를 비롯한 우리나라 축구선수의 해외 진출이 시작됐어요. 박지성과 이영표 선수는 네덜란드 리그를 거쳐 영국 프리미어리그에 안착하며 지금의 손흥민과 김민재 선수 등이 유럽 리그에서 활약할 수 있는 발판을 마련하며 중요한 역할을 했습니다. 그래서 박지성 선수를 흔히 '해버지해외 축구의 아버지'라 부른답니다. 그리고 또 한 명의 영웅 히딩크 감독은 축구뿐 아니라 모든 조직에서의 리더가 얼마나 중요한지를 깨우쳐 주고 국민 영웅이 돼 '히동구'라는 한국식 이름까지 얻으며 명예 한국인이 됐답니다.

더불어 조별리그 3차전에서 우리나라 대표팀과의 경기에 선발 출전했던 포르투갈의 파울루 벤투Paulo Bento 선수는 2022년 카타르 월드컵 대표팀의 감독으로 부임해 16강 진출을 이끌며 선전했어요. 앞서 언급한 클린스만, 히딩크처럼 우리와 겨루었던 상대 선수가 대한민국 국가대표팀 감독으로 온 세 번째 사례입니다.

진정한 축구 강국이 되기 위해

2006년부터 2022년 월드컵 기간은 대한민국이 세계 무대에서 일정한 성과를 유지하려고 노력했던 시기로 때로는 기대 이상의 성적을 거두기도 했어요. 특히 2006년 독일 월드컵에서는 토고를 상대로 원정경기 첫 승을 거뒀고 우승 후보 프랑스를 상대로 무승부까지 거뒀죠. 하지만 스위스전에서 오프사이드 논란을 만들며 예선에서 탈락했습니다. 그러나 4년 뒤 2010년 남아프리카공화국 월드컵에서 허정무 감독은 '양박쌍용^{박지성, 박주영, 기성용, 이청용}'이라 불리는 4인방을 앞세워 원정 대회 첫 16강에 안착하는 성공을 보였어요. 이렇듯 목표와 달리 일관된 성공을 거두지는 못했어요.

때로는 공항에서 엿과 계란이 날아오는 아픔과 모욕감을 겪기도 해야 했어요. 바로 2014년 브라질 월드컵 때의 일입니다. 당시 홍명보 감독이 많은 논란이 있었음에도 감독직을 수락하며 도전했지만 결국 16강전에서 패배하며 그와 선수들에게 돌아온 건 비난과 엿, 계란 세례였답니다. 아무리 화가 나도 공항까지 찾아가서 계란을 투척하는 것은 절대 배우면 안 되는 행동입니다.

2018년 러시아 월드컵에서는 앞선 두 경기에 패했지만 3차전에서 세계 최강 독일을 2-0으로 무너뜨리며 자존심을 세울 수 있었어요. 2022년 카타르 월드컵에서는 기술과 전략이 한층 발전한 모습을 보여 주면서 세계 무대에서의 경쟁력을 강화했습니다. 당대 최고의 공격 라인이라 부를 수 있는 손흥민, 황희찬, 이강인, 이재성, 조규성 선수 등이 매서운 공격력을 보여 줬고 수비 라인에는 김민재가 버티며 만만치 않은 실력을 뽐냈어요. 특히 주장 손흥민 선수는 마스크를 쓰고 투혼을 발휘했죠. 그렇게 2010년 이후 12년 만에 다시 16강에 올랐습니다.

포기하지 않는 대한민국 축구 정신

우리나라의 월드컵 도전사는 단순히 좋아하는 대회 성적을 넘어 국가의 자존심, 국민의 하나 됨 그리고 세계 무대에서의 끊임없는 도전과 성장을 담고 있어요. 지금까지 굵직한 발자취를 남긴 대한민국 축구는 이제 승리뿐만 아니라 실패에서도 교훈을 찾고 끊임없이 성장하려는 성숙한 태도를 보여 주고 있어요. 이러한 단단한 자세는 축구를 사랑하는 젊은 세대에게 실패를 두려워하지 말고 계속 도전하며 앞으로 나가라는 강한 정신을 심어 준답니다.

다만 선수들의 노력과 우리 축구의 위상에 걸맞는 행정력도 필요합니다. 2024년 위르겐 클린스만 감독이 성적 부진 등으로 경질되고, 7월에 많은 논란을 야기하며 당시 울산 HD FC의 홍명보 감독을 국가대표팀 감독으로 내정하는 과정에서 기대 이하 수준의 행정력을 보였기 때문이에요.

우리나라가 4대 세계스포츠대회를 모두 개최했다고?

대한민국이 스포츠 선진국이라는 사실은 다양한 증거로 확인할 수 있어요. 역대 올림픽과 세계대회에서 눈부신 성적을 거뒀고 특히 양궁, 쇼트트랙, 태권도, 펜싱 종목 등에서 세계 최고의 실력을 자랑하고 있죠. 그리고 1988년 서울 하계올림픽, 2018년 평창 동계올림픽 등 국제적인 대회를 유치하며 그 능력을 세계에 과시했습니다.

이러한 세계적인 스포츠 이벤트를 자국에서 개최하는 일은 결코 쉬운 일이 아니에요. 국가의 경쟁력과 스포츠 외교력이 뒷받침돼야 가능하거든요. 대회 개최를 위한 국가 간 경쟁이 매우 치열하기에 많은 자원과 외교적 노력이 필요합니다. 예를 들어 2018년 평창 동계올림픽은 무려 삼수 만에 연 대회랍니다. 2010년에는 밴쿠버에 밀려 탈락하고 2014년에는 소치에 밀려 탈락의 고배를 마셨죠.

그러면 올림픽 개최 도시 선정에 중요한 평가 요소는 뭘까요? 인프라, 재정, 정치, 환경 등 여러 복잡한 요소가 선정 당락에 크게 작용합니다. 그리고 대규모 스포츠 이벤트를 위해 필요한 경기장, 숙박 시설, 교통 시설 등을 심사하죠. 이 모든 것을 준비하는 데 막대한 비용과 시간이 소요되며 그만큼 국가의 경제와 사회에 큰 영향을 미칩니다.

그런데도 이렇게 대형 스포츠 이벤트를 개최하려고 하는 이유는 큰 경제적 이득과 더불어 다양한 분야에서 이득을 볼 수 있기 때문이에요. 관광 수입 증가, 인프라 개선, 일자리 창출, 도시 인지도 상승 등 긍정적인 경제적 효과가 있답니다. 하지만 '올림픽의 저주'라는 말이 있듯이 이 효과는 항상 지속되지는 않아요. 개최 준비에 많은 돈을 투여했기에 재정적 손실, 인프라의 사후관리, 사회적 갈등, 단기적 경제성장, 환경파괴 등 부정적 영향이 발생할 수 있어요. 2004년 아테네 올림픽은 그리스의 경제위기를 악화시키는 요인 중 하나가 됐고, 우리나라 평창도 올림픽 이후 경기장을 재활용하는 데 큰 어려움을 겪고 있답니다.

그렇지만 4대 세계스포츠대회라 불리는 '하계올림픽', '동계올림픽', '세계육상선수권대회', 'FIFA 월드컵'을 이탈리아, 독일, 일본, 프랑스에 이어 대한민국이 초강대국 미국보다 앞서 개최했다는 것은 정말 대단한 성과라 볼 수 있습니다. 이 대단한 성과들을 하나씩 살펴볼게요.

세계는 서울로, 서울은 세계로

1988년 서울의 가을은 특별했습니다. 그해 세계 각국에서 수많은 선수와 관중이 모인 가운데 제24회 하계올림픽이 개최됐거든요. 이 대회는 대한민국이 어떻게 일제강점기와 6·25전쟁을 지나 불과 30여 년 만에 세계 최빈국에서 벗어나 고도의 경제성장을 달성한 '한강의 기적'을 이뤘는지 전 세계에 알리는 자리가 됐답니다.

특히 서울 올림픽은 냉전제2차 세계대전 이후 미국과 소련을 중심으로 한 자본주의와 공산주의의 대립 종식에 중요한 역할을 했어요. 이전의 1984년 로스앤젤레스 올림픽과 1980년 모스크바 올림픽에는 많은 국가가 참여하지 않았는데요. 당시 세계는 동서냉전의 긴장이 극에 달해 있었기 때문이죠. 하지만 서울 올림픽에서는 중국과 소련을 비롯한 여러 공산국가가 참가를 선언하면서 분위기가 달라졌어요. 이로써 서울 올림픽은 역대 최대 규모로 치러지게 됐답니다.

그럼에도 북한은 올림픽 참가를 거부했어요. 오히려 북한은 동부 유럽 국가들에게 서울 올림픽 보이콧을 제안했어요. 그러나 다행히 큰 호응을 얻지는 못했답니다. 그래도 우리 정부는 북한의 참여를 끌어내기 위해 여러 방면으로 노력했지만 소용없었어요. 이렇게 서울 올림픽은 세계 평화와 국가 발전의 상징이 됐답니다.

서울 올림픽 개막식에서 옥에 티로 전해지는 이야기가 있어요. 개막식에서 최종 성화를 밝히는 중요한 순간, 수십 마리의 비둘기가 함께 날아올랐는데 불행히도 몇몇 비둘기가 불에 타는 사고가 발생했어요. 평화의 상징인 비둘기가 불에 타는 모습이 전 세계에 방송되고 외국 언론들은 '비둘기 통구이 쇼'라고 비판하기도 했답니다. 하지만 실제로는 딱 한 마리만 발이 점화구에 끼여 빠져나오지 못해 타 죽었어요. 어쨌든 비둘기 통구이 쇼는 사실이랍니다.

하늘과 땅이 맞닿은 곳, 평창

2018년 한국의 평창을 비롯한 강릉, 정선 일대에서는 전 세계의 이목이 쏠린 아주 열정 가득한 동계올림픽이 펼쳐졌어요. 한국이 1988년 서울 하계올림픽 이후로 30년 만에 다시 올림픽을 개최한 것이죠. 아시아에서는 일본의 삿포로와 나가노에 이어 세 번째로 동계올림픽을 치른 나라가 됐고, 전 세계에서는 여름과 겨울 올림픽을 모두 개최한 5번째 나라가 됐어요. 이는 대한민국에 매우 자랑스러운 순간이었어요. 평창 동계올림픽의 슬로건은 우리말로 '하나 된 열정', 영어로는 'Passion. Connected.'였어요. 이는 스포츠로 전 세계 사람들이 하나의 열정을 공유하며 서로 연결된다는 뜻을 담고 있어요.

특히 한국의 원윤종 봅슬레이선수와 북한의 황충금 아이스하키선수가 함께 한반도기를 들고 공동 입장하며 전 세계에 평화의 메시지를 보냈어요. 원윤종 선수는 세계인들이 지켜보기에 기수로서 실수

할까 봐 두려웠지만 벅찬 감동이 밀려오고 온몸에 소름이 끼치는 감정을 느꼈다고 전했어요. 그리고 여자 아이스하키 종목에서는 남북한 선수들이 하나의 팀으로 뛰기도 했답니다.

하지만 폐막 이후 올림픽의 저주를 일컫는 '하얀 코끼리' 논란의 중심에 섰어요. 수천억을 들여 만든 경기장을 올림픽 이후로 제대로 사용하지 못하고 있기 때문이죠.

전 국민을 하나로 만든 2002년 한일 월드컵

2002년 한일 월드컵 개막식 중 불꽃놀이를 진행하는 서울월드컵경기장.

2002년 FIFA 월드컵은 유럽과 아메리카를 벗어난 대륙에서 처음 열린 월드컵이었어요. 특히 우리나라와 일본이 공동으로 개최한 아시아 대륙 최초의 월드컵이기에 큰 의미가 있답니다. 우리나라는 일본보다 늦게 월드컵 유치전에 뛰어들며 단독 개최를 원했지만, 국제축구연맹의 선택은 한국과 일본의 최초 공동 개최였어요. 그래서인지 월드컵 역사상 가장 많은 경기장이 사용됐답니다.

그리고 대회 공식 명칭을 둘러싸고 두 나라 간 신경전이 대단했어요. 원래 명칭은 '2002 FIFA World Cup Japan/Korea'가 될 예정이었지만 대한축구협회 정몽준 회장은 "왜 일본이 한국 앞에 오는가!"라며 강력히 항의하며, 국제축구연맹이 프랑스어를 쓰는 조직이기에 프랑스어로 Corée라 불리는 한국이 알파벳 순서상 일본을 뜻하는 Japon보다 앞서기에 먼저 표기해야 한다는 논리를 펼쳤어요. 결국 공식 명칭에서는 우리가 앞서고 일본이 따라오는 형태를 취했어요. 다만 동일한 논리로 개막전은 한국에서, 결승전은 일본에서 하게 됐답니다. 혹자들은 월드컵의 꽃이 결승전이기에 일본이 실리를 챙겼다고 우기기도 합니다.

또 중요한 점은 한국 국가대표팀의 놀라운 활약이에요. 세계적인 강호들을 하나둘씩 격파하며 4강까지 올라가는 신화를 만들어 냈어요. 당시 한국과 토너먼트에서 만났던 세 팀은 나란히 다음 월드컵들에서 우승하는데요. 우리의 16강 상대였던 이탈리아는 2006년 독일 월드컵에서, 8강 상대였던 스페인은 2010년 남아공 월드컵에서, 4강 상대였던 독일은 2014년 브라질 월드컵에서 우승했답니다. 얼마나 강팀들을 부수고 4강까지 올라간 건지 이것만 봐도 알겠죠?

특히 한국은 '붉은악마'라 불리는 열정적인 팬들의 응원 덕분에 전국의 거리와 광장이 수백만의 붉은색 물결로 뒤덮였어요. 거리 곳곳에서 열린 거대한 응원전은 그 자체로 하나의 축제였으며 이는 우리나라뿐 아니라 전 세계에 한국의 축구 열기를 강렬하게 전달했어요. 이후 많은 나라가 거리에서 응원을 했는데 그 원조가 바로 붉은악마의 거리응원이랍니다.

개최국 노메달 망신, 대구 세계육상선수권대회

2011년 8월 27일부터 9월 4일까지 대구의 거리는 세계 각국에서 온 선수들로 북적였어요. 누적 관중수는 무려 41만 명. 어떤 대회길래 이렇게 많은 인파가 모였을까요? 바로 세계육상선수권대회를 보기 위해 전 세계에서 대구로 찾아온 육상팬들이랍니다. 모두가 함께 내일을 향해 달린다는 멋진 슬로건 '달리자 함께 내일로', 영어로는 'Sprint Together for Tomorrow' 아래 대구 월드컵경기장에서 펼쳐졌습니다.

한편 한국 육상계는 자국에서 열린 대형 이벤트에 역대 최고 성적을 기대했지만 오히려 노메달의 수모를 겪을 뻔했어요. 당시 경보 20km 종목의 김현섭 선수가 당초 1시간 1분 17초의 기록으로 6위를 했으나, 추후 러시아 선수 4명이 도핑으로 적발돼 8년이나 지난 2019년에서야 3위로 올라 동메달을 받았어요. 따라서 동메달 수상이 인정되기까지 8년간 개최국 노메달 수모를 겪고 말았답니다. 비록 개최국으로서 성적은 처참했지만 선수들의 도전과 열정은 박수받기에 충분했답니다.

우리나라는
스포츠 선진국일까?

스포츠 선진국이란 과연 뭘까요? 한국은 세계적으로 유명한 스포츠 이벤트를 여러 번 성공적으로 개최했어요. 1988년 서울 올림픽, 2002년 한일 월드컵, 2018년 평창 동계올림픽 그리고 2011년 대구 세계육상선수권대회 등 모두 큰 성공을 거뒀어요. 이 덕분에 한국은 전 세계의 주목을 받게 됐고 4대 스포츠 이벤트를 모두 개최한 5번째 국가가 됐죠. 동·하계 올림픽에서 늘 10위권 내 성적을 거두며 많은 메달을 땄고 월드컵에서도 4위까지 오르는 등 스포츠 선진국이 갖춰야 할 눈에 보이는 성과는 모두 이뤘습니다.

그런데 진짜 스포츠 선진국이 되려면 그보다 더 중요한 것들이 있어요. 눈에 보이는 성과 너머에 있는 스포츠의 가치를 실현할 때 진정 스포츠 선진국이라 볼 수 있어요.

모든 국민을 건강하게

우리나라는 전문선수 육성과 국제대회 성과를 위해 큰 노력을 했어요. 그에 반해 전 국민을 위한 스포츠 정책은 선진국답지 않아요. 자세한 지표를 보면 알 수 있어요. 한국스포츠정책과학원에서 2023년에 발표한 자료에 따르면 주 1회 이상, 1회 운동 시 30분 이상 규칙적으로 스포츠에 참여하는 국민은 전체의 62.4%에 불과해요. 특히 10대의 참여율을 47.9%밖에 되지 않는답니다.

따라서 모든 국민이 지금보다 더 스포츠에 참여하며 즐길 수 있는 정책이 필요해요. 모두를 위한 스포츠가 돼야 하는 것이죠. 단지 선수들의 우승과 메달을 위해서만이 아니라요.

독일의 경우 1970년대부터 트림캠페인Trimm-Aktion을 실시하며 국민의 생활체육을 지원했어요. 이것은 '신체를 단련한다'라는 의미의

국민체육진흥공단에서 실시하는 2024 전국체력왕선발대회. © 국민체력100.

독일어 동사 trimmen과 '캠페인'을 뜻하는 명사 Aktion의 합성어입니다. 트림캠페인은 독일체육회가 1959년 독일올림픽체육연맹이 결의한 '스포츠 제2의 길' 운동과 1967년 노르웨이에서 시작된 'Sports for all 모든 사람에게 스포츠를' 운동에 영감을 받아 1970년부터 실시한 생활체육 활성화 캠페인입니다.

Sports for all 운동은 캐나다, 노르웨이, 스웨덴 같은 나라들이 모범적으로 실행했습니다. 그리고 이것은 오늘날 '생활체육'의 영문 표기가 됐답니다. 이 나라들은 모든 국민이 스포츠를 쉽게 접할 수 있도록 스포츠 환경을 잘 만들었어요. 예를 들어 스포츠바우처 저소득층에게 스포츠시설 이용료와 스포츠용품 구입비를 지원하는 복지 제도를 모든 국민에게 제공하고, 가족들이 함께 태권도를 수련하거나 집 앞에서 컬링을 즐길 수 있도록 국가가 지원하고 있답니다.

그리고 국민의 스포츠 참여율을 높이는 스포츠 선진국이 되면 개인의 건강이 향상돼 국가의 의료비용을 줄일 수 있다는 큰 장점이 있어요. 따라서 우리나라는 지금보다 더 많은 사람이 일상에서 스포츠를 쉽게 접할 수 있는 환경을 조성하는 데 관심을 가져야 합니다.

모든 국민을 행복하게

스포츠는 몸뿐 아니라 마음도 건강하게 만들어요. 여러분은 스트레스를 받을 때 무엇을 하나요? 운동을 하면 스트레스가 줄고 기분이 좋아진답니다. 운동 중에 우리 몸에서는 엔도르핀이라는 '행복 호르몬'이 나와요. 그래서 마음이 편안해지고 걱정이 줄어들죠. 친구들과 함께 뛰어놀거나 축구를 하면 즐거워지면서 고민과 짜증이 사라지는 이유가 여기에 있답니다. 이게 바로 스포츠가 주는 정서적인 가치예요.

그리고 스포츠에 참여하며 목표를 이루면 자신감이 생겨요. 작은 목표부터 차근차근 달성해 나가는 과정에서 '나도 할 수 있어!'라는 자신감이 생기죠. 만약 줄넘기를 10번도 못 하던 친구가 연습해서 50번을 넘기면 정말 뿌듯하겠죠? 이런 성취감은 우리의 자신감을 높여 줘요. 자신감이 생기면 다른 일도 더 잘할 수 있답니다.

또 운동을 친구들과 함께하면 사회성이 발달해요. 친구들과 더 가까워지는 효과가 있어요. 같이 운동하다 보면 자연스럽게 대화도 많이 하고 서로 도우면서 우정이 깊어져요. 예를 들면 농구나 축구 같은 팀 스포츠에서 협동과 소통이 중요하죠. 스포츠로 유대감을 키우는 경험은 학교나 집에서도 큰 도움이 된답니다.

부족한 스포츠 윤리

스포츠가 사람들을 서로 소통하고 협력하도록 만들어 사회문제까지 해결할 때 진정한 스포츠 선진국이라고 할 수 있어요. 최근 스포츠계 내 폭력 등의 윤리적 문제가 도마 위에 올랐어요. 우리는 근래 몇 년 간 스포츠 윤리에 맞지 않는 지탄받을 만한 여러 사건을 접했습니다.

나이 어린 축구선수와 트라이애슬론선수는 스스로 생을 마감했고, 빙상스타들의 파벌 싸움, 제자를 성폭행한 쇼트트랙 코치, 선수들에 게 불법 약물을 판 야구 코치, 후배들에게 대리 처방을 일삼은 전직 야구선수 등 정말 말하기도 창피한 수준의 사건을 접하면서 한국은 스포츠 이벤트로만 선진국의 지위를 입은 게 아닌지 의심이 들 정도 였어요.

다만 '스포츠윤리센터'가 2020년부터 생기면서 스포츠 현장에 암 행어사 역할을 하는 스포츠 윤리 감시관을 파견하는 등의 노력이 시 행되고 있으니 앞으로 이들이 어떻게 스포츠 윤리의 수준을 높이는 지 지켜보며 응원해야 합니다.

사회문제를 해결하는 스포츠

스포츠 선진국이란 단지 국제대회에서 좋은 성적을 내는 나라가 아 니에요. 선수의 권리를 보호하고 부패와 싸우며 스포츠 교육의 질을 높이는 나라예요. 그리고 스포츠는 사회가 지닌 여러 문제를 해결하 는 새로운 방안이 돼야 해요. 최근의 고령화 문제 등 당면한 사회 병

리현상을 해결하고, 아이들의 인성 문제에 깊이 관여하고, 취약 계층에게 도움을 주며 모든 이의 삶의 질을 높여야만 진정한 스포츠 선진국이 될 수 있답니다.

특별히 저출산 문제로 스포츠는 어려움을 겪고 있고 앞으로 더 큰 어려움을 맞을 거예요. 우리나라의 학교 운동부가 예전만큼 활발하지 않고 입학하는 학생수가 떨어지는 문제와 겹치면서 젊고 유망한 스포츠 선수들을 키우는 일이 점점 어려워지고 있어요. 마치 농부가 텃밭을 잃어버린 것과 비슷하죠. 이를 해결하기 위해서는 학교 스포츠정책과 유소년 스포츠에 대한 관심을 높이고 비인기 종목에도 지원을 아끼지 않아야 해요. 그러면 지금보다 많은 젊은 선수들이 성장할 수 있을 거예요.

3장

세상을 아름답게 빛낸
스포츠맨십의 주인공들

라이벌을 이길 수 있었던
나바로는 왜 추월을 거부했을까?

스포츠는 단순히 신체 능력을 겨루는 장을 넘어 인격과 정신을 단련하는 중요한 배움터입니다. 스포츠가 선사하는 여러 감동의 순간 중에서도 가장 빛나는 순간은 승리나 패배라는 결과가 아닌 선수들이 보여 주는 스포츠 정신에서 비롯되는데요. 승리와 패배 너머의 가치가 드러나는 순간 우리는 스포츠가 주는 감동에 매료되죠.

결승선을 앞두고 터진 바퀴

스페인의 전통이 묻어나는 대표적 사이클경기가 있습니다. 바로 스페인 칸타브리아 지방의 푸엔테 비에스고에서 열리는 사이클로크로스cyclo-cross, 국제사이클연맹이 승인한 사이클경기 종목 중 하나로 장애물을 설치한 오프로드 코스를 자전거로 달리는 스포츠입니다. 1982년부터 시작된 이 대회는 오랜 역사와 전통을 자랑하며 푸엔테 비에스고 주변의 자연 지형을 활용한 도전적인 코스로 유명하답니다. 특별히 2015년 대회 중에 감동적인 이야기를 엿볼 수 있는데요. 스페인의 사이클선수 이스마엘 에스테반Ismael Esteban은 경기 내내 뛰어난 기량을 선보이며 선두를 지켜 왔습니다. 그런데 그는 마지막 스테이지에서 결승선을 1km 남겨 두고 갑자기 자전거 바퀴에 펑크가 나는 불운을 겪었습니다. 에스테반은 순간 당황했지만 포기하지 않고 자전거를 어깨에 메고 달리기 시작했어요. 관중들은 그의 투혼에 감동하며 응원의 함성을 보냈죠. "힘내, 에스테반! 포기하지마, 에스테반!"

그렇게 에스테반이 결승선을 향해 달리던 중, 그의 라이벌 '아구스틴 나바로Agustin Navarro' 선수가 결승선 300m를 앞두고 그를 거의 따라잡았어요. 나바로는 결승선을 향해 전속력으로 달리던 중 에스테반의 상황을 목격합니다. 대부분의 선수라면 이 기회를 이용해 추월했을 거예요. 여러분은 어떻게 할 건가요? 그러나 나바로는 속도를 늦춰 에스테반이 앞서 나가도록 도왔습니다. 그는 에스테반의 어깨를 두드리며 응원의 말을 건넸고 두 사람은 함께 결승선을 향해 달렸죠. 관중들은 나바로의 이러한 행동에 진정한 스포츠맨답다며 큰 박수를 보냈습니다.

박수를 받으며 나란히 결승선으로 향하는 에스테반(왼쪽)과 나바로(오른쪽). © Diario Extra.

승패를 넘어선 나바로의 태도

나바로는 왜 이런 결정을 했을까요? 현지 언론과의 인터뷰에서 나바로는 "에스테반은 경주 내내 나보다 앞서 있었습니다. 그의 자전거에 펑크가 나지 않았다면 그는 나보다 먼저 결승선에 도착했을 것입니다. 그런 상황에서 그를 추월하는 것은 윤리적이지 않았습니다"라고 설명했어요. 나바로는 진정한 스포츠 정신을 보여 줬어요. 이는 단순히 승패를 넘어 상대를 존중하고 정정당당한 경쟁을 중시하는 마음입니다.

경주가 끝난 후 에스테반은 나바로에게 자신의 상을 주겠다고 제안했어요. 그러나 나바로는 이를 겸손하게 거절하며 "에스테반이 나에게 상을 제안한 것은 내가 그를 위해 한 것보다 더 큰 의미가 있었습니다"라고 말했어요. 두 선수 모두 정말 멋지죠? 상대를 돕고 서로를 존중하는 태도는 스포츠의 본질을 더욱 빛나게 합니다.

스포츠는 이기기 위해서만 존재하는 게 아닙니다. 나바로의 행동은 승리의 가치를 새롭게 정의했습니다. 진정한 승리는 결승선을 가장 먼저 통과하는 것이 아니라 공정하게 경쟁하며 서로를 존중하는 데 있다는 사실을 몸소 보여 준 것이죠.

여러분이 스포츠를 즐길 때도 마찬가지예요. 친구들과의 경기에서 이기는 것도 중요하지만 더욱 중요한 건 친구들과 함께 성장하고 서로를 격려하며 공정한 경쟁으로 더 나은 내가 되는 거랍니다. 승리보다 값진 것은 여러분의 정직함과 배려심입니다. 이러한 스포츠의 가치들을 지키며 성장하는 사람이야말로 진정한 승리자입니다.

낮에는 훈련하고
밤에는 돈을 벌었던 은메달리스트들?

2018년 평창 동계올림픽에서 한국 4인승 봅슬레이팀이 은메달을 획득한 순간은 그 자체로도 놀라운 성취였지만 그 뒤에 숨겨진 이야기는 더욱 감동적이에요. 비인기 종목 중에서도 가장 환경이 열악한 썰매 종목에서 올림픽 메달이 나왔다는 것은 우리나라 스포츠 역사에 큰 의미가 있습니다.

봅슬레이팀의 열악했던 현실

2010년 초반까지만 해도 한국에서 봅슬레이는 거의 알려지지 않은 종목이었어요. 선수층도 얇았고 전문선수들이 없었기에 한 번도 썰매를 타 본 사람이 없는 실정에서 공개 오디션으로 국가대표를 선발해야 했습니다. 따라서 썰매 실력이 아닌 오로지 체력이 좋은 사람을 선수로 뽑을 수밖에 없었죠.

2018년 평창 올림픽에 출전해 4인승 봅슬레이팀에서 파일럿^{썰매의 맨 앞에 탑승해 각 코스를 최적의 동선으로 통과하도록 돕는 조종수}을 맡은 원윤종 선수는 원래 체육 교사가 꿈이었어요. 그래서 사범대학을 졸업하고 남들처럼 교원 임용시험을 준비하던 중에 우연히 봅슬레이 국가대표 선발 공고를 보게 돼요. 당시 임용시험에서 국가대표 경력이 있으면 가산점을 받을 수 있다는 점을 들어 부모님을 설득했다고 해요. 그렇게 참여한 오디션에 합격해 국가대표가 됐어요.

원윤종 선수뿐만 아니라 함께 팀을 이룬 선수들도 전문 봅슬레이 선수가 아니었어요. 그들이 이 길을 선택한 이유는 단순히 스포츠에 대한 열정 때문이었습니다. 올림픽에서 같이 은메달을 딴 김동현 선수는 처음 봅슬레이를 접하고 도전까지 결심하게 된 계기를 설명하며 "TV에서 봅슬레이경기를 보고 그 속도감과 스릴에 매료됐어요. 하지만 막상 시작하려고 하니 모든 게 막막했어요"라고 말했습니다.

이들이 국가대표 생활을 경험해 보니 봅슬레이 종목에 대한 국가의 지원이 매우 제한적이었거든요. 선수들은 평소 훈련비는 물론 국제대회에 출전할 때조차 썰매 없이 출전을 했다고 합니다. 한번은 세계대회에 참가하기 위해 출국했지만 현지에 도착해서야 썰매가 아직도 준비되지 않았다는 걸 알게 된 적도 있어요. 결국 급하게 다른 팀에게 빌려 사용해야 했고 이는 큰 핸디캡으로 작용했습니다. 원윤종 선수는 "처음 대회에 나갔을 때 우리는 빌린 썰매로 경기를 치렀습니다. 다른 팀들은 최신 장비를 갖추고 있었지만, 우리는 그저 주어진 상황에 최선을 다해야 했죠"라고 말했답니다. 야구경기에 나간 타자가 배트가 없어 상대방의 것을 빌려 타석에 들어간 거나 마찬가지죠.

주행 기술을 배우기 위한 환경도 열악했어요. 국내에는 봅슬레이 트랙이 없어서 외국으로 나가야만 훈련을 할 수 있었습니다. 하지만 해외훈련 역시 비용이 많이 들어 자주 갈 수 없었어요. 결국 선수들은 제한된 시간 동안 최대한 많은 것을 익히기 위해 밤낮없이 연습했습니다. "해외에 나가서도 우리는 남는 시간마다 훈련장에 머물렀어요. 트랙을 반복해서 타면서 작은 실수 하나까지도 바로잡으려고 노력했죠"라고 김동현 선수는 말했습니다.

낮에는 훈련, 밤에는 아르바이트

우리나라 봅슬레이선수들의 일상은 훈련뿐 아니라 생계유지를 위한 노동으로도 가득 차 있었어요. 낮에는 훈련, 밤에는 아르바이트를 하며 생활을 이어갔습니다.

원윤종 선수는 "주말에는 축구클럽에 나가 코치로 일하며 돈을 벌어서 훈련비와 생계유지에 썼어요"라고 회상했어요. 다른 선수들도 상황은 비슷했어요. 김동현 선수는 "한번은 주말에도 늦은 밤까지 아르바이트를 하며 생각했어요. '왜 내가 이렇게까지 해야 하나.' 하지만 이 순간들을 견뎌야 나중에 후회하지 않을 것 같았어요"라고 말했답니다.

처음이라 당연했던 실패

봅슬레이가 처음이었던 선수들은 훈련 중 수많은 실패를 경험할 수밖에 없었어요. 주행 연습을 하며 썰매가 전복되는 사고는 흔한 일이었어요. 원윤종 선수는 "처음 썰매를 탔을 때 속도 조절이 안 돼서 몇 번이고 전복 사고를 겪었어요. 그때마다 부상을 입었지만 다시 일어나 연습을 계속했죠"라고 회상했어요.

전복 사고로 부상을 당한 선수들은 다시 트랙에 오르기까지 많은 용기가 필요해요. 트라우마를 극복해야 하기 때문이죠. 상상해 보세요, 시속 130km가 넘어가는 중에 썰매가 뒤집히는 순간을 말이에요. 생각만 해도 아찔하죠. 한번은 중요한 대회에서 전복 사고가 발생해 팀 전체가 크게 실망했지만 그들은 포기하지 않았습니다. "우리 모두 너무나도 실망했지만, 그때가 오히려 우리의 전환점이 됐어요. 스스로 실수를 분석하고 다시는 같은 실수를 반복하지 않기 위해 더 열심히 연습했습니다"라고 김동현 선수는 말했어요.

　이러한 실패는 그들이 하나가 되는 밑거름이 됐어요. 실패를 거듭하며 그들은 기술을 점점 더 발전시켰고 이 과정에서 팀워크의 중요성을 깨달았어요. 그렇게 그들은 대회에서 서로의 강점을 최대한 발휘하며 팀으로서의 시너지를 발휘할 수 있었답니다.

어려움을 뛰어넘은 인내와 끈기

각고의 노력을 한 대한민국 봅슬레이선수들은 결국 2018년 평창 동

2018년 평창 동계올림픽 4인승 봅슬레이팀의 파일럿 원윤종 선수.

계올림픽에서 은메달을 획득했어요. 현대자동차에서 제작해 준 썰매를 타고 홈구장의 이점을 살려 트랙을 수없이 돌며 눈을 감고도 탈 수 있는 경지가 되도록 최선을 다한 결과였죠. 이로부터 우리는 인내와 끈기의 중요성을 깨닫습니다. 그들은 수많은 어려움에도 포기하지 않고 끝까지 노력해 꿈을 이뤘어요. 이러한 열정과 헌신이 진정한 스포츠 정신이랍니다.

명장 클롭의 눈시울을 붉힌 응원가에는 어떤 내용이 담겨 있을까?

영국 리버풀에는 안필드라는 멋진 축구장이 있어요. 안필드의 분위기는 붉은 바다에서 붉은 파도가 출렁이는 듯 수천 명의 목소리가 일제히 오르락내리락하며 깊은 감동을 선사해요. 리버풀의 홈구장 안필드에 모인 6만 명의 팬을 하나 되게 하는 떼창곡은 바로 'You'll Never Walk Alone'입니다.

이 곡은 여러 축구팀이 응원가로 채택해 부르고 있는데요. 리버풀이 붉은 물결을 일으키며 이 노래를 부른다면, 독일 분데스리가의 도르트문트는 이에 못지않은 노란 벽을 만들고 웅장하게 이 노래를 부른답니다. 이외에도 FSV 마인츠 05를 비롯해 많은 팀이 응원가로 부르고 있어요.

You'll Never Walk Alone은 1945년 뮤지컬 〈회전목마〉에 등장

응원가 제목이 새겨진 홈구장 안필드의 샹클리 게이트.

한 곡이에요. 이 노랫말의 강력한 메시지는 무대를 넘어 스포츠 팬들의 마음속에 새로운 자리를 마련하게 돼요. 1960년대 리버풀은 이곡을 응원가로 채택하면서 단결, 인내, 정서적 연대를 상징하는 팀정체성의 초석을 쌓았어요. 이뿐만 아니라 구단 엠블럼과 샹클리 게이트 구단 역사상 최고의 성적을 낸 샹클리 감독을 기리기 위해 만들어진 문에 응원가 제목이 새겨져 있을 만큼 리버풀의 정신을 잘 나타내는 아주 중요한 슬로건이랍니다.

그럼 6만 명의 안필드 팬들을 하나로 만들고, 그 밖의 여러 축구팀도 응원가로 사용하는 You'll Never Walk Alone의 가사를 좀 더 자세히 들여다보며 리버풀의 정신을 알아볼게요.

"폭풍 속을 걸을 때, 고개를 높이 들고
어둠을 두려워하지 마라"

리버풀을 대표하는 전설의 경기를 꼽는다면 2005년 이스탄불에서 열린 UEFA 챔피언스리그 결승전을 들 수 있어요. 이 경기에서 리버풀은 이탈리아 리그 세리에 A의 AC 밀란을 상대로 전반에만 3골을 내주며 패배의 그림자가 일찍이 찾아왔는데요. 이때 콥The Kop, 리버풀 팬의 애칭들은 다 함께 목소리 높여 응원가 You'll Never Walk Alone을 부르기 시작했고, 그 후 선수들은 기적처럼 동점골까지 만들더니 승부차기에서 승리하며 우승을 거머쥐었답니다.

그리고 97명의 리버풀 팬이 안타깝게 목숨을 잃고 수백 명의 부상자가 발생한 1989년 힐즈버러 참사 당시에도 전 세계의 축구팬은 You'll Never Walk Alone을 함께 부르며 스포츠계의 깊은 유대감과 흔들리지 않는 지지를 강하게 보여 줬어요. 그 힘으로 리버풀 구단과 소속 팬들은 비교할 수 없는 단결력과 회복력을 보이며 다시 일어설 수 있었어요.

때로는 연패를 당하고 감당할 수 없는 많은 어려움이 찾아와도 선수와 팬 모두가 고개를 들고 패배의 어둠을 두려워하지 말라는 가사를 몸소 보인 것이죠.

"폭풍 끝에는 황금빛 하늘과
종달새의 감미로운 은빛 노래가 있다"

모든 어려움 뒤에는 반드시 희망이 있는 법이에요. 이 가사는 앞으로 더 밝은 시대가 올 것이라는 약속을 뜻하며, 이는 스포츠맨십의 초석에 해당하는 메시지랍니다. 황금빛 하늘을 향한 여정은 30년이라는 오랜 시간을 인내한 끝에 차지한 2020년 프리미어리그 우승으로 실현됐고 이제 새로운 전성기를 달리고 있죠. 종달새의 감미로운 은빛 노래는 선수와 팬 모두가 느끼는 우승의 기쁨과 안도감을 상징합니다.

"꿈이 흔들리고 날아가더라도,
바람을 헤치며 걷고 빗속을 뚫고 걸어라"

스포츠에서는 '회복탄력성'이 중요해요. 어떤 장애물이 있더라도 선수와 구단은 계속 전진해야 하는 것이죠. 리버풀의 회복력은 2018-2019시즌을 거치며 강력하게 드러났어요. 당시 최종 승점 97점을 획득했음에도 불구하고 단 1점 차로 맨체스터 시티 FC에 이어 2위에 머물렀어요. 단 1점 차로 우승하지 못했기에 허탈감이 클 법도 한

데, 그들은 낙담하는 대신 다음 시즌에 더 강해져서 돌아왔고 멈출 수 없는 추진력과 결단력으로 결국 30년 만에 프리미어리그 우승컵을 들어 올리며 새 역사를 썼답니다.

"걷고 또 걸어라. 마음속에 희망을 품고 걸어라. 그대는 결코 혼자 걷지 않으리"

리버풀 응원가의 핵심 메시지가 바로 이 가사에 있습니다. 그들은 희망과 공동체의 중요성을 강조하고 있어요. 스포츠에서는 그 누구도 진정 혼자가 아니에요. 팬, 선수, 구단 관계자들 모두가 하나라는 공동체 정신은 힘든 시기를 이겨낼 수 있는 에너지를 만들어 냅니다. 이는 앞서 이야기한 힐즈버러 참사의 여파에서 생생하게 나타났어요. 구단, 도시, 전 세계의 축구인들이 함께 힘을 모아 마음속에 희망을 품고 피해자들이 결코 혼자 걷지 않도록 했어요.

그리고 최근 2023-2024시즌을 끝으로 리버풀을 떠난 명장 클롭에게도 팬들이 이 가사를 불러 주며 애정을 전했는데요. 그는 팬들의 진심에 눈시울을 붉혔답니다.

누군가와 함께한다는 감각을 느낄 때 우리는 진정한 팀워크의 매력을 이해했다고 말할 수 있어요. 팀워크teamwork는 구성원 간의 협력과 연대의 의미를 담고 있지만 철자를 딱 하나만 바꾸면 'team walk

^{팀이 걷는다}'가 됩니다. 즉, 함께 걸을 때 비로소 팀워크를 경험할 수 있어요. 한글로는 두 가지 모두 '팀워크'로 쓰듯이요. 우리는 함께할 때 두려움을 극복할 수 있고 넘어졌을 때 일으켜 줄 손과 힘을 얻을 수 있답니다. 여러분도 스포츠로 함께하는 즐거움을 꼭 경험해 보길 바랍니다.

인종차별에 맞서기 위해 권투선수가 된 사람이 있다고?

1954년 어느 날 미국의 켄터키주 루이빌에 사는 캐시어스 클레이Cassius Clay라는 흑인 소년은 자신의 자전거가 도난당한 것을 발견했어요. 자전거를 되찾기 위해 경찰서를 찾았지만, 경찰관은 어린 흑인 소년의 이야기에 관심을 기울이지 않았고 오히려 "네가 권투를 배워 오면 범인을 잡아 주마!"라며 말도 안 되는 소리로 약을 올리며 쫓아내는 일을 당하게 됩니다.

이 사건은 흑인 소년에게 깊은 인상을 남겼고 그는 강해져야겠다고 결심했어요. 바로 그날 그는 자신의 인생을 완전히 바꿀 권투를 배우기 시작했답니다.

인종차별에 맞서 싸우기 위한 새 이름

캐시어스 클레이는 열심히 훈련한 끝에 1960년 로마 올림픽에 미국 권투 국가대표로 참가하게 됐어요. 그는 그곳에서 금메달을 획득하며 세계에 자신의 이름을 알렸습니다. 하지만 고향으로 돌아왔을 때 금메달을 목에 걸고도 흑인이라는 이유로 식당에서 쫓겨나는 일을 당합니다. 인종차별이 다른 지역에 비해 더욱 심했던 그의 고향이긴 했지만, 그 순간 그는 금메달의 영광도 인종차별을 해결해 주지 못한다는 것을 절실히 깨달았어요. 그럼에도 불구하고 그는 자신의 꿈을 향해 나아갔습니다.

국가대표에서 프로선수로 전향한 캐시어스 클레이는 1964년 소니 리스턴 선수를 꺾고 세계 헤비급 챔피언이 됩니다. 그 후 그는 이슬람교로 개종하며 얻은 새 이름으로 개명하고 이렇게 말해요. "이제 나는 더 이상 노예의 이름을 쓰지 않겠다."

이 결정은 단순히 흔한 개명과 개종 이상의 의미를 지니는데, 그는 차별의 시대에 흑인으로서의 자부심과 정체성을 인정받길 원했답니다. 그래서 인종차별에 맞서 싸우는 새로운 챔피언이 되겠다고 다짐하며 개명한 것이죠. 그 이름이 바로 그 유명한 '무하마드 알리'입니다.

그가 전쟁을 거부한 이유

1967년 미국 정부는 베트남전쟁을 위해 세계 최고의 권투선수인 무하마드 알리를 징집하려 했어요. 하지만 알리는 정부의 명령에 반기를 들었어요. "내가 흑인이라는 이유로 내 조국에서도 자유를 누리지 못하는데 남의 자유를 위해서 싸우라고요? 적어도 베트콩들은 흑인이라는 이유로 우릴 무시한 적이 없습니다. 그런데 내가 왜 지구 반대편의 이름 모를 사람에게 총부리를 겨눠야 합니까?"라고요.

알리의 이 말은 많은 사람에게 충격을 줬어요. 그의 징집 거부는 곧바로 큰 논란을 일으켰습니다. 챔피언 타이틀이 박탈되고 3년 5개

인종차별과 전쟁을 반대한 알리의 청년 시절.

월간 선수 면허마저 잃게 됐어요. 수많은 사람이 그를 비난했지만 알리는 끝까지 자신의 신념을 굽히지 않았습니다. 그는 징집 거부를 이유로 재판정에 수도 없이 불려 가 싸워야 했어요. 동시에 여러 차례 강연을 다니며 인종차별과 베트남전쟁의 부당함을 세계에 알렸고 결국 많은 사람의 지지를 받았어요. 1971년 미국 대법원은 끝내 그의 손을 들어 주며 무죄를 선고했고, 알리는 다시 링으로 돌아올 수 있었습니다.

링 위의 투사, 링 밖의 혁명가

무하마드 알리는 흑인 인권운동가로서 인종차별과 인권침해를 일삼는 백인들과 싸우며 모든 인종이 차별받지 않는 세상을 꿈꿨습니다. 이러한 사회적 노선과 굳센 자존심 때문에 알리는 권투계에서 심지어 같은 흑인 선수들과 크고 작은 마찰을 자주 겪었어요.

1965년 소니 리스턴과의 2차전에서 1라운드 KO로 승리한 알리에게 같은 해 헤비급 챔피언 출신인 플로이드 패터슨이 "알리로부터 챔피언 벨트를 되찾아 미국에 바치는 것이 내 의무다"라며 그를 비난했어요. 패터슨은 알리를 개명 전 이름인 캐시어스 클레이라고 부르며 거세게 도발했죠. 결국 두 선수 간의 대결이 성사됐고 결과는 알리의 TKO 승리였습니다.

이같은 상황은 1967년 어니 테럴과의 대결에서도 반복됐어요. 테럴은 알리를 캐시어스 클레이라고 부르며 도발하자 알리는 "내 이름이 뭐라고?"라며 받아치며 펀치를 퍼부었습니다. 이 경기에서도 알리는 승리했지만 주류 언론은 빨리 끝낼 수 있는 경기를 질질 끌며 상대를 괴롭혔다고 비난할 뿐이었어요. 하지만 흑인 사회에서는 그의 승리가 인종차별에 대한 강력한 저항의 상징으로 여겨졌답니다.

죽기까지 불의와 맞서 싸운 알리

알리는 1984년 파킨슨병 진단을 받았어요. 그러나 그는 병마와 싸우면서도 사회의 불의에 맞서 싸우는 활동을 계속했습니다. 알리는 1990년 걸프전쟁 당시 이라크를 방문해 사담 후세인을 만나 억류된 미국인 인질 15명을 석방하는 데 크게 기여했어요. 그는 자신의 인기를 이용해 평화를 위한 외교적 임무를 수행했답니다.

그리고 알리는 자살을 시도하려던 사람을 구한 일화로도 유명해요. 어느 날 한 청년이 높은 건물 난간에 앉아 있었습니다. 알리는 그에게 조심스럽게 다가갔어요. 그때 청년은 묻습니다. "세상 사람들 그 누구도 내가 죽는다 한들 관심조차 없을 텐데 왜 당신은 나한테 관심을 주는 거죠?" 알리는 진심 어린 눈빛으로 대답했어요. "당신은 제 형제니까요. 전 당신을 사랑합니다. 전 그저 당신을 도와주고 싶어요"라며 그를 따뜻하게 안아 줬어요. 그렇게 청년은 스스로 난간에서 내려와 알리와 함께 건물을 빠져나왔답니다. 이 모습을 지켜본 시민들은 알리를 연호하며 그의 따뜻한 마음에 감동했어요.

그는 끊임없이 사람들에게 희망을 주고 저항이 필요할 때는 용기를 앞장서 보이며 정의로운 사회를 위해 노력했습니다. 무하마드 알리 센터를 설립해 전 세계의 빈곤퇴치와 교육지원을 위한 자선활동을 활발히 전개했고, 그가 세상을 떠난 뒤에도 센터는 그의 유산을 기리며 교육과 글로벌 시민의식 증진을 목표로 하는 비영리단체로 활동 중이랍니다.

괴한의 습격을 당한 마라토너는 어떻게 다시 뛸 수 있었을까?

스포츠는 단순히 신체적 능력만 겨루는 무대가 아닙니다. 그것은 인간 정신의 깊이를 드러내고 어려움을 극복하는 용기와 품위 그리고 스포츠맨십으로 진정한 승리를 추구하는 장이라 볼 수 있답니다.

2004년 아테네 올림픽 마라톤경기에서 한 선수가 달리는 도중 갑작스럽게 관중의 공격을 받았어요. 이 마라토너는 관중의 공격을 받은 37Km 지점까지 선두로 달리고 있었기에 우승도 가능하다는 기대감을 품고 달리고 있었어요. 그런데 갑자기 관중석에서 누군가가 그를 붙잡고 밀어 넘어뜨리는 불행한 사고가 발생했어요. 해설자부터 관중들까지 모두가 놀랄 만한 일이 레이스 도중 벌어진 것이죠.

그럼에도 불구하고 이 선수는 다시 일어서서 레이스 리듬을 가져오기 위해 몸부림치며 계속 달리기 시작했어요. 비록 예상치 못한 사고로 기대와 달리 동메달로 경기를 마쳤지만, 그의 회복탄력성과 인내는 많은 사람에게 깊은 인상을 남겼습니다. 이 감동적인 이야기의 주인공은 누굴까요?

우연히 시작된 마라토너로서의 여정

그는 바로 브라질의 마라톤 영웅 '반데를레이 데 리마Vanderlei de Lima' 선수입니다. 리마의 마라톤 경력은 다소 우연히 시작됐어요. 본래 농부였던 그는 1994년 랭스 마라톤대회에서 페이스메이커기준 속도를 유지해 주요 선수들의 기록 달성을 돕는 선수로 참가했으나 예상과 달리 레이스를 선두로 완주해 우승을 차지하게 됐어요. 그렇게 이 대회는 리마의 인생을 완전히 바꿔 놓았습니다.

이후 그는 전문 마라톤선수로 전향해 여러 국제대회에서 뛰어난 성적을 거두기 시작했어요. 1996년 도쿄 마라톤대회에 우승하며 같은 해 애틀랜타 올림픽에 출전하게 됩니다. 그러나 그 대회에서는 신발 문제로 기대에 못 미치는 결과를 얻었어요. 이 쓸쓸한 경험은 그에게 올림픽 무대의 어려움을 일깨워 줬고 이후 그의 경력에 큰 영향을 미치는 동기부여로 작용합니다.

다시 일어나 뛰다

2004년 아테네 올림픽은 리마의 경력에서 가장 극적인 순간을 맞이한 대회였습니다. 그는 경기 도중 37km 지점에서 한 관중의 공격을 받아요. 이 관중은 아일랜드의 전직 신부인 코넬리우스 호런이라는 사람이었어요. 이전에도 여러 차례 스포츠 행사를 방해했던 전력이 있었습니다. 그는 리마를 밀쳐 코스 밖으로 내몰았고, 리마는 레이스리듬을 잃게 돼요. 마라토너에게 리듬은 레이스에서 가장 중요한 요소라 볼 수 있어요.

이 괴한의 등에는 '이스라엘 예언의 구현ISRAEL FULFILLMENT of PROPHE-

레이스 도중 괴한의 공격을 받는 리마. © The Olympians.

CY'이라는 문장이 쓰여 있었어요. 이 사람은 종말론을 믿고 심판의 날이 다가오고 있다는 걸 알리려고 레이스를 방해한 것으로 밝혀졌어요.

하지만 리마는 포기하지 않고 다시 달리며 경기를 이어 갔습니다. 공격을 받기 전까지 선두였지만 페이스 리듬을 잃어버려 2명에게 추월을 허용했어요. 금메달을 딸 수 있는 기회를 졸지에 날렸지만 그는 마음을 다잡고 불굴의 의지로 다시 달려 결국 3위로 경기를 마쳤습니다. 리마는 경기가 끝난 후 "나는 경기에 완전히 집중하고 있었기에 아무런 방어도 할 수 없었다. 하지만 나는 다시 일어나 경기를 이어 갔고, 이것이 내가 할 수 있는 최선이었다"라고 말했어요. 이러한 그의 투지는 많은 이에게 감동을 전하며 국제올림픽위원회로부터 '피에르 드 쿠베르탱Pierre de Coubertin, 근대 올림픽의 창시자 메달'을 받았습니다. 이 메달은 올림픽 정신을 상징하는 상으로 스포츠맨십을 보여준 선수들에게 수여하는 의미가 있는 귀중한 상이랍니다.

역경을 극복하는 긍정적인 태도

리마는 인생을 건 레이스에서 예상치 못한 방해를 받았지만 포기하지 않고 다시 일어섰습니다. 그는 자신이 받은 부당한 공격에도 불구하고 끝까지 경기에 최선을 다했습니다. 이는 경기의 결과보다 먼저 중요한 것은 포기하지 않는 노력과 끈기라는 사실을 알려 줘요.

그리고 리마는 자신이 당한 일을 부정적으로 바라보기보다 이로써 얻은 뜻하지 않은 경험과 교훈을 더 값지게 생각했어요. 그는 인터뷰에서 "신이 내가 포기하지 않는지 시험하고 계신다고 생각했고, 신께 나의 의지를 보여 주기 위해 다시 달렸어요"라고 말했어요. 그는 역경을 극복하는 과정에서 얻은 정신적 성장과 성취감을 강조했는데, 이는 어떤 상황에서도 긍정적인 태도를 유지하며 흔들리지 않는 것이 중요하다는 사실을 가르쳐 줍니다.

이러한 그의 스포츠 정신을 높이 산 것일까요? 리마는 고국에서 열린 2016년 리우 올림픽에 최종 점화자로서 성화대에 마지막으로 불을 붙이는 영광의 자리에 설 수 있었답니다.

Q6. 역사상 가장 부끄러운 골의 주인공이 마라도나라고?

1986년 멕시코의 에스타디오 아스테카 경기장에서 열린 월드컵 8강 전은 세계 축구팬들의 이목이 쏠린 아르헨티나와 영국이 맞붙은 경기로 특별한 의미를 지닌 순간이었어요. 왜냐하면 아르헨티나와 영국은 이 경기가 열리기 4년 전 포클랜드 전쟁아르헨티나와 영국이 포클랜드 여러 섬의 영토 문제를 둘러싸고 벌인 전쟁을 치른 사이, 즉 앙숙 관계였기 때문이에요. 그리고 이 경기에서 일어난 한 사건은 축구 역사에 영원히 남을 논란을 불러일으켰답니다. 바로 디에고 마라도나Diego Maradona 선수의 '신의 손' 사건입니다.

8강전은 치열하게 진행되고 있었어요. 아르헨티나와 영국 모두 한 치의 양보도 없는 팽팽한 경기를 펼치던 중 후반 6분 마라도나는 영국의 수비수들을 뚫고 골키퍼 피터 쉴턴과 공중볼 경합을 벌였어요.

키가 168cm였던 마라도나는 185cm의 쉴턴 골키퍼를 상대로 버거움을 느꼈을까요? 점프하며 헤딩을 하는 듯했지만 그는 손으로 공을 치고 말았습니다. 심판은 이 반칙을 보지 못하며 골로 인정했답니다. 그렇게 아르헨티나는 1-0으로 앞서가게 됐고 이후 마라도나는 환상적인 개인플레이로 추가골을 넣으며 팀의 승리를 이끌었어요. 이 두 번째 골은 축구사에서 가장 위대한 골로 불린답니다. 따라서 마라도나는 한 경기에서 축구 역사상 가장 창피한 골과 가장 위대한 골을 동시에 넣은 거죠.

　이후 이 골은 '신의 손' 골로 불리며 전 세계 축구팬들 사이에서 거센 논란을 일으켰습니다. 많은 팬과 언론은 마라도나를 비난했지만 그의 기지를 칭찬하는 사람들도 상당했어요. 특히 아르헨티나 국민

골키퍼(오른쪽)와 공중볼 경합 중 손을 사용하는 마라도나(왼쪽).

들은 엄청난 지지를 보냈습니다. 마라도나는 경기 후 인터뷰에서
"이 골은 신의 손으로 약간, 나머지는 저의 머리로 득점한 거예요"라
고 말했어요. 그래서 이 득점을 '신의 손' 골이라고 불리게 된 거죠.
마라도나는 인터뷰에서 운이라는 뜻을 신의 손으로 멋지게 포장해
표현했지만, 다른 사람들은 마라도나가 잔머리를 쓴 덕분에 골을 넣
었다고 생각했어요. 특히 영국 국가대표팀의 감독인 바비 롭슨은 이
골을 '추악한 사기꾼의 손'이라고 비난했답니다.

　훗날 마라도나는 당시의 상황을 이렇게 능청스럽게 회상했어요.
"피터 쉴턴이 핸드볼 반칙이라고 외칠 때 나는 동료들에게 빨리 와
서 나를 껴안으라고 소리쳤어요. 우리가 머뭇거리면 심판도 머뭇거
려서 골이 인정되지 않을 것 같았거든요." 또 "친구들과 축구 할 때
도 손으로 골을 넣은 적이 있었는데 이번에는 월드컵에서 해 버렸어
요. 하지만 아무도 못 봤는데 거기다 대고 미안해요. 핸드볼 맞아요,
라고 할 수는 없었죠"라고 말이죠.

이기는 게 다가 아니다

스포츠는 명확한 규칙을 바탕으로 공정하게 경쟁해 승부를 가리는
데요. 마라도나의 신의 손 사건은 스포츠에서 규칙을 어떻게 불의하
게 어길 수 있는지를 보여 줬고 공정한 스포츠의 중요성을 다시 한

번 일깨웠어요. 규칙을 어기며 얻은 승리는 진정한 승리가 아니며 이는 일상생활에서도 마찬가지예요. 규칙과 공정성은 우리가 사회에서 신뢰를 쌓고 건강한 관계를 유지하는 데 필수적입니다.

마라도나의 행동은 스포츠맨십에 대한 깊은 논의를 촉발했어요. 스포츠맨십은 스포츠맨이라면 명심해야 할 존중, 정직 그리고 공정한 경쟁을 의미해요. 마라도나의 신의 손 사건은 이기기 위해 규칙을 어기는 게 정당한 것인지 중요한 윤리적 질문을 던집니다. 우리가 아무리 승리를 원할 때도 스포츠맨십을 갖고 규칙과 윤리를 지키며 거둔 승리가 더욱더 빛나는 법입니다.

실수보다 중요한 건 인정과 책임의 태도

스포츠에서의 실수는 우리가 일상에서 경험하는 실수와 유사합니다. 신의 손은 마라도나의 의도적인 반칙이었지만 일반적으로 스포츠에서 실수는 의도치 않게 발생해요. 여기서 중요한 것은 실수를 인정하고 그에 대한 책임을 지는 태도예요. 일상에서도 마찬가지예요. 실수는 누구나 할 수 있고 피할 수 없는 거예요. 그래서 실수를 저질렀을 때 그것을 숨기거나 억지로 정당화하기보다는 스스로 인정하고 사과하며 배울 점을 얻은 게 중요하답니다.

마라도나가 능청스러운 대답보다 사과하며 반성의 태도를 보여 주고 이제라도 자신의 잘못을 바로잡기 위해 비디오판독을 제안했다면 좋았을 거라는 아쉬움이 있어요.

사회를 반영하는 스포츠

스포츠사회학자들은 "스포츠는 사회를 반영한다"라고 말합니다. 그래서 우리는 스포츠로 사회구조와 도덕규범을 배울 수 있어요. 신의 손 사건은 경기장 안팎에서 우리가 어떤 태도로 살아가야 하는 게 옳은 것인지 분명하게 전해 줍니다.

스포츠맨십과 똑같이 사회에서도 규칙을 준수하고 도덕을 행하며 공정하게 경쟁하고 그리고 맡은 역할과 잘못에 책임을 져야 해요. 그럴 때 우리는 더 나은 사회구성원이 될 수 있답니다. 특별히 자기 잘못을 인정하는 용기가 얼마나 어려운 것이고, 그렇기에 잘못을 인정하는 용기가 얼마나 값어치가 있는 일인지 역설적으로 신의 손 사건은 우리에게 가르쳐 주고 있어요.

Q7. 팀의 승리를 위해 희생을 담당하는 포지션이 있다고?

스포츠에서 공식적으로 '희생'이라는 단어를 사용하는 종목이 있을까요? 흥미롭게도 한국에서 가장 많은 관중을 끌어모으는 종목인 야구에서 이 단어가 공식적인 경기 용어로 쓰입니다. 축구에서도 사용되긴 하지만 이는 공식 용어가 아니라 주로 선수를 평가할 때 사용하는 표현이에요. '팀을 위해 희생할 줄 아는 선수'라는 식으로요.

그리고 팀을 위해 희생하는 포지션이 따로 있는 종목은 마라톤과 스피드스케이팅의 매스스타트입니다. 여기서는 페이스메이커라는 중요한 역할이 존재해요. 그럼 팀을 위해 과감히 희생을 선택한 선수들의 이야기를 살펴봐요.

희생번트와 희생플라이

야구에서는 '희생번트'와 '희생플라이'라는 전략이 있어요. 영어로는 'sacrifice bunt새크리파이스번트'와 'sacrifice fly새크리파이스플라이'라고 하죠. 희생번트는 주자를 다음 베이스로 이동시키기 위한 전략으로 이때 타자는 대부분 1루에서 아웃을 당합니다. 희생플라이는 타자가 3루에 있는 주자를 홈으로 불러들이기 위해 플라이아웃을 감수하는 전략이에요. 이러한 희생 전략들은 팀의 승리를 위해 중요하답니다.

희생번트나 희생플라이를 수행한 선수가 더그아웃으로 돌아올 때면 동료들 모두 하이파이브로 맞이하며 축하하고 격려해 줘요. 비록 아웃을 당했지만 팀의 승리를 위해 작전을 잘 수행했기 때문에 환영을 받는 것이죠. 그리고 선수를 배려해 희생번트와 희생플라이는 타율로 계산하지 않는답니다. 팀의 승리를 위해 아웃을 감수하는 선수들의 모습, 야구에서 배울 수 있는 아름다운 희생의 자세입니다.

팀플레이로 포장된 잘못된 희생

야구와 마찬가지로 특정 선수가 팀의 승리를 위해 희생이 필요한 또다른 종목이 있어요. 바로 스피드스케이팅의 매스스타트와 올림픽의 꽃이라 불리는 마라톤입니다. 특별히 2018년 평창 동계올림픽의 매스스타트경기에서 일어난 이야기를 소개할게요. 당시 강력한 우승 후보였던 대한민국의 이승훈 선수가 금메달을 획득한 후 함께 출전한 정재원 선수의 손을 들어 주는 세리머니가 많은 이의 기억 속에 아름답게 남아 있는데요. 그러나 이 장면은 많은 논란을 일으켰어요. 정재원 선수의 역할을 희생으로 볼 것인가, 아니면 팀플레이로 볼 것인가 하는 논란이었죠.

정재원 선수의 역할은 페이스메이커였습니다. 페이스메이커는 마라톤처럼 오래 뛰는 경기에서 처음부터 빠르게 달려 다른 경쟁 선수들의 체력을 빼놓는 임무를 수행해요. 그러니 장거리 경기인 매스스타트에서도 페이스메이커의 역할은 중요하죠. 이승훈 선수는 페이

앞장서 달리고 있는 2명의 페이스메이커.

스메이커 정재원 선수가 상대 선수들을 끌어들여 유리한 상황을 만드는 동안, 끝까지 앞으로 나서지 않고 힘을 비축하며 경주를 이어가다가 마지막 바퀴에서 폭발적으로 스피드를 올려 결승선을 1등으로 들어왔어요.

여기서 정재원 선수의 역할을 어떻게 봐야 할까요? 본인은 이를 팀플레이라고 말했어요. 그러나 이후 많은 논란이 이어졌어요. 동료 선수의 증언과 어린 선수를 희생양으로 삼은 성적지상주의에 대한 비판이 터져 나오면서 여론은 뜨거웠거든요. 매스스타트는 엄연히 개인종목입니다. 같은 나라에서 단 1명의 스타를 우승시키기 위해 다른 선수들에게 희생을 요구하는 것이 공정한가요? 예를 들어 어느 지도자가 한 선수에게 희생을 설득하고 요구할 때 "나중에 널 위해 희생할 누군가를 생각해라"고 말한다면 이는 희생의 진정한 가치를 훼손할 수 있어요.

희생은 특정 누군가만의 성공이 아닌 스스로 만족하며 성취감을 느낄 수 있는 가운데 팀이 승리할 수 있는 희생이어야만 합니다. 그런데 매스스타트는 단체가 아닌 개인종목이었고, 따라서 정재원 선수에게 이승훈 선수는 팀 동료가 아닌 또 1명의 경쟁 상대였던 것이죠. 개인종목 스포츠에서 희생의 의미를 다시 생각해 볼 필요가 있어요. 이는 승리를 위한 전략이기도 하지만 무엇보다 스포츠맨십과 공정성에 깊이 관련돼 있기 때문이에요.

개인을 존중하며 팀을 위하는 희생

스포츠에서 희생은 단순히 좋은 결과를 위한 수단이 아닙니다. 이는 팀을 위한 헌신과 희생정신을 보여 주는 중요한 요소예요. 야구에서의 희생번트와 희생플라이는 팀이 승리하기 위해 선택한 전략이며, 매스스타트에서의 페이스메이커 역할은 팀의 성공을 위해 개인의 목표를 미루고 무시하는 강요된 결단이에요.

이러한 스포츠 속 희생 이야기는 평범한 우리 삶에도 중요한 교훈을 제공합니다. 팀워크와 협력 그리고 개인의 이익보다 팀의 성공을 우선하는 자세는 우리가 어떤 일에서도 성공을 이루는 데 필수적인 태도예요. 동시에 개인의 목표도 소중하기에 팀을 위해 무조건 희생을 요구해서는 안 된답니다. 개인의 목표도 해치지 않으면서 서로를 위해 기쁜 마음으로 희생할 때 우리는 진정한 승리를 맛볼 수 있어요.

여러분은 스포츠에서의 희생을 어떻게 생각하나요? 이 질문에 답해 보며 희생의 진정한 의미를 다시 한번 생각해 보는 계기가 되기를 바랍니다.

태권스타 이대훈 선수가 지고도 기뻐할 수 있었던 이유는 무엇일까?

2016년 8월 브라질 리우데자네이루에서는 제31회 올림픽이 열렸어요. 이 올림픽과 관련한 많은 이야기가 있는데, 그중 실력뿐만 아니라 인성까지 겸비한 우리나라 스포츠스타가 브라질에서 아이돌급 인기를 누렸던 이야기가 있어요.

당시 세계랭킹 2위였던 이 선수는 리우데자네이루 올림픽 남자 태권도경기 68kg급에서 강력한 우승 후보로 모든 선수의 경계 대상 1호였어요. 예선부터 8강까지 순항하던 중 세계랭킹 40위 선수를 만나게 됩니다. 모두가 우리나라 선수의 승리를 예상했지만 안타깝게도 세계랭킹 40위 선수에게 패배하게 돼요. 세계랭킹 40위가 세계랭킹 2위를 이기는 이변을 연출한 것이죠.

이 이야기의 주인공들은 바로 우리나라의 태권스타 이대훈 선수와 요르단의 아흐마드 아부가우시Ahmad Abughaush 선수입니다. 사실 아부가우시는 리우데자네이루 올림픽의 복병으로 꼽히며 숨은 실력자로 알려져 있었어요. 그렇다 해도 많은 전문가들은 이대훈 선수의 승리를 점쳤죠.

상대의 손을 들어 올려 준 이대훈 선수

막상 경기가 시작되니 아부가우시의 만만치 않은 실력이 드러났어요. 11-8로 이대훈 선수를 이겼고 이후 승승장구하더니 금메달까지 획득했어요. 이대훈 선수는 준결승전 진출이 좌절되는 힘든 순간이었지만 겸허히 패배를 받아들였는데요. 더구나 판정 논란까지 발생한 경기였기에 마음껏 상대의 승리를 인정하기가 참 애매했어요. 그런데도 이대훈 선수는 상대에게 물개박수를 보내고, 심지어는 가까이 다가가 아부가우시의 손을 번쩍 들어 올려 주며 모든 이들을 감탄케 했어요. 리우데자네이루에 모인 현지 기자와 외신 기자, 팬들은 가장 아름다운 패배를 목격했다며 이대훈 선수의 스포츠맨십에 찬사를 보냈습니다.

그는 경기 후 인터뷰에서 "훌륭한 경기를 보여 준 상대를 존중하고 싶었다"라고 했고 승리와 패배의 순간을 모두 가정해 어떻게 행동할지 미리 준비했다고 말했어요. "저의 올림픽을 끝마치면서 이기면 기쁨보다는 상대 슬픔을 더 달래주고, 또 진다면 제 슬픔보다 상대의 기쁨을 더 높게 만들어 주기로 저 스스로와 약속했거든요." 덧붙여 승패는 지나고 나면 별것 아니라며 승리보다 더 값진 것에 관해 이야기했어요. 스포츠의 정신이 무엇인지 정말 잘 보여 주는 체육 교과서에도 실려도 좋을 멋진 어록입니다.

상대방을 존중하는 태권도

이대훈 선수가 보인 스포츠맨십은 단순히 개인의 훌륭한 인격을 넘어 우리나라의 무예인 태권도의 전통을 존중하고 계승하는 모습이에요. 그의 행동은 태권도가 우리에게 중요한 문화적 유산임을 다시 한번 일깨워 줍니다. 여기서 말하는 태권도의 전통은 상대방을 때려눕혀 그저 이겨야 하는 적이 아니라 내가 그러하듯 존중받아야 마땅한 파트너로 여긴다는 점이에요.

태권도 수련자들은 어릴 때부터 지도자와 상대방에게 인사하는 예절을 배우는데 이는 존경과 인정을 표하는 거예요. 이대훈 선수는 이러한 전통 속에서 자라났고 태권도의 문화적 가치를 실제 경기장에서 잘 구현한 거죠. 올림픽에서 보여준 그의 행동은 태권도가 탄생한 풍부한 문화적 맥락을 잘 드러내며 이러한 전통을 보존하는 중요성을 우리나라 국민에게 상기시킨답니다.

스포츠맨십의 모범을 보여 준 2012 런던 올림픽 은메달리스트 이대훈 선수.

　이대훈 선수가 상대의 승리를 인정하고 기뻐하며 그의 손을 번쩍 들어 올리는 모습은 널리 칭찬받았고 다양한 소셜미디어에 공유됐어요. 덕분에 전 세계 사람들에게 선의와 상호존중의 가치가 담긴 스포츠맨십의 힘을 강조할 수 있었답니다.

　운동선수라면 모두가 이러한 스포츠맨십을 지침으로 삼아야 합니다. 더불어 그것이 지닌 존중, 겸손, 페어플레이 등의 본질적인 가치는 모든 사람이 추구해야 할 가치이기도 하죠. 이대훈 선수의 행동은 진정한 챔피언은 단지 승리로만 결정되지 않으며 이기든 지든 모든 상황에서 어떻게 행동하는지에 따라 결정된다는 점을 알려 줍니다.

Q9. 금메달보다 은메달, 동메달이 더 값지다고?

대한민국 스포츠는 '성적지상주의'라는 비판을 늘 받아 왔고 이것에서 벗어나고자 여러 가지 정책을 시행했습니다. 스포츠윤리센터를 만들어 스포츠 문화를 개선하고자 했고, 대한체육회는 여러 교육을 실시해 스포츠맨십 강화, 여성 스포츠 지원 확대, 국제스포츠기구와의 협력 등을 지속해서 추진했지만 지금까지도 이 비판에서 벗어나지 못하는 모양새입니다.

요즘은 그나마 나아졌지만 과거에는 은메달과 동메달 수상 성적도 그다지 가치 있게 평가받지 못했어요. 하지만 시간이 지나면서 이런 인식은 변화했어요. 특히 이봉주 마라톤선수가 1996년 애틀랜타 올림픽에서 은메달을 따면서 우리나라 팬들과 체육계의 인식이 많이 바뀌었답니다. 이제는 은메달이나 동메달도 값지다는 것을 알게 됐고 성적을 떠나 선수들이 최선을 다한 노력의 가치를 새롭게 조명하게 됐어요.

금메달보다 값진 이봉주 선수의 은메달

과거에는 금메달을 놓친 선수를 부정적으로 평가했어요. 언론에서는 '은메달에 그쳤다', '다 캔 금메달을 놓쳤다'는 식의 표현을 사용했죠. 1996년 애틀랜타 올림픽에서 은메달을 획득한 기계체조선수 여홍철은 인터뷰 도중 눈물을 흘리며 "1등을 못 한 게 너무 아쉬워요"

대한민국 전설의 마라토너 이봉주 선수. © Eurosport.

라고 말했어요. 그리고 4년 뒤 열린 2000년 시드니 올림픽에서도 아쉬움에 눈물을 흘리는 선수가 있었어요. 레슬링 종목에서 은메달을 딴 김인섭 선수의 인터뷰에서는 선수 자신도 울고 인터뷰를 하는 기자도 울고 그걸 지켜본 국민도 울었습니다. "하늘이 제게 은메달밖에 안 만들어 주시는 것 같아요"라는 슬픈 고백을 했어요. 금메달을 따기 위해 최선을 다했기에 나온 아쉬움의 눈물이었지만 은메달도 정말 값진 결과입니다.

그런데 이봉주 선수의 사례는 이러한 대중과 언론의 인식을 크게 바꿔 놨어요. 1996년 애틀랜타 올림픽 마라톤경기에서 이봉주 선수는 1위로 달리던 선수와 불과 3초 차이로 금메달을 놓쳤지만 우승자인 조시아 투과니와 함께 태극기를 들고 기뻐했어요. 이 장면은 은메달도 충분히 기뻐할 만한 가치가 있다는 메시지를 전달했어요. 언론사에서도 이봉주 선수의 은메달을 대서특필하며 긍정적으로 보도했답니다.

이봉주 선수의 자랑스러운 은메달 획득 이후 국민과 언론은 금메달뿐만 아니라 은메달도 긍정적으로 평가하기 시작했어요. "금메달보다 값진 은메달"이라는 표현이 등장했고 여러 은메달리스트에게 격려와 응원이 더해졌어요. 이후에도 이봉주 선수는 꾸준히 경기 결과에 대해 모범이 되는 사례를 보이며 이러한 평가가 지속될 수 있었답니다.

스스로를 깎아내리는 조제 무리뉴 감독

축구 감독 중 명장이라 불리는 조제 무리뉴Jose Mourinho가 보여 준 최근 행동은 다시 한번 스포츠에서 우승만이 제일인가 하는 중요한 질문을 던지게 했어요.

2022-2023 UEFA 유로파리그 결승전에서 무리뉴가 이끄는 AS 로마가 세비야 FC에 패한 후 무리뉴 감독은 준우승 메달을 관중석의 어린 팬에게 주며 "나는 은메달은 수집하지 않고 금메달만 수집한다"라고 말했어요. 이런 행동은 그가 패배를 겸허히 받아들이지 않는다는 걸 강하게 시사했죠. 해설자는 어린 팬에게 잊지 못할 선물을 준 것이라며 좋게 칭찬했지만 무리뉴 감독의 발언은 비판의 여지가 많습니다.

그는 스포츠맨십의 본질을 간과한 것이에요. 은메달도 그 자체로 엄청난 성취를 나타내요. 단 한 팀만 올라갈 수 있는 결승전에 로마가 진출한 것만으로도 이미 훌륭한 성과이니까요. 무리뉴 감독이 은메달을 경시했던 건 결승전까지 끝까지 함께 싸운 선수들, 코치진, 팬들의 노력을 무시한 것과 다름없었습니다.

스포츠의 가장 중요한 가치는 승리뿐만 아니라 노력과 도전에서 오는 성장과 교훈이에요. 은메달은 최후 승리의 기쁨을 아쉽게 놓쳤다는 의미이기도 하지만 동시에 그 여정을 지나며 얻은 많은 것을 상징해요. 무리뉴 감독의 태도는 이러한 가치를 저버리는 것으로 우승이 아니기에 그들의 노력은 모두 헛된 것이라고 말한 셈이죠. 젊은 선수들에게 잘못된 메시지를 전달할 수 있어요. '오직 금메달만이 가치 있다'라는 그의 메시지는 그동안의 노력과 헌신을 스스로 깎아내리는 자기비하로 비친답니다. 자기비하는 자기반성이 아닌 '본인 얼굴에 침 뱉기'를 뜻하는 것입니다.

결과보다 큰 과정의 가치

축구감독 조제 무리뉴의 경솔했던 은메달 발언과 행동은 스포츠의 본질과 가치를 다시 생각하게 해요. 모든 메달, 모든 성취는 나름의 가치와 의미가 있어요. 우승컵과 메달은 단순히 우월한 성과 그 이상의 의미를 지녀요. 스포츠는 경쟁과 승리뿐만 아니라 도전과 성취, 노력과 성장의 과정을 포함해요. 이봉주 선수가 보여준 것은 그저 은메달이라는 높은 성적의 결과물이 아니라 최선을 다한 그동안의 노력과 그 과정에서 얻은 고귀한 성취감이에요.

그의 은메달 수상은 스포츠에서 1등이 아니더라도 최선을 다한 그 자체로 충분히 가치가 있다는 메시지를 전하는 것이죠. 그래서 올림픽 은메달리스트에 대한 인식의 전환점을 만든 기념비적인 순간이기도 해요. 이후 한국 스포츠 역사에서 모든 메달리스트에 대한 긍정적인 인식이 새로운 문화로 자리 잡았고 이는 스포츠의 진정한 가치를 재조명하는 계기가 됐어요. 그러니 결과도 중요하지만, 과정에도 많은 의미를 두면 좋겠습니다.

단 0.004초 차로
28년의 노메달 수모를 벗었다고?

2014년 제17회 인천 아시안게임에서 대한민국 육상 국가대표팀은 많은 어려움과 역경을 극복하고 놀라운 성과를 이뤘습니다. 그 중심에는 바로 여호수아 선수가 있었는데요. 그는 팀의 기대와 응원 속에서 자신의 한계를 뛰어넘으며 모든 이에게 큰 감동을 선사했습니다. 특히 누구에게도 주목받지 못했던 그는 2개의 소중한 메달을 캐냈고, 그 과정에서 감동적인 이야기를 만들어 냈어요. 스포츠 선수가 어려운 상황에 빠진 팀을 위해 자신을 기꺼이 희생해 몸을 던지는 것이 얼마나 고귀하고 아름다운 몸짓인지 그가 보인 멋진 모습으로 알아보겠습니다.

무관심 속에서 캐낸 보물

여호수아 선수는 2014년 인천 아시안게임 육상 남자 200m 결승전에서 20초 82를 기록하며 동메달을 목에 걸었습니다. 중요한 것은 선수 본인 외에는 아무도 그의 메달을 기대하지 않았다는 점인데요. 그의 동메달은 1982년 뉴델리 대회와 1986년 서울 대회에서 장재근 선수가 남자 200m 종목 2연패에 성공한 이후 28년 만에 나온 남자 메달이었기에 한국 육상 역사에서 정말 값진 메달이라 볼 수 있어요. 그동안 한국은 100m 종목에서도 메달리스트를 배출하지 못해 육상 단거리 약소국의 수모를 겪었거든요.

끝까지 최선을 다해 몸을 날리는 여호수아 선수(맨 왼쪽).

여호수아 선수는 "28년은 정말 긴 시간"이었다며 "이번 메달이 한국 육상 단거리의 저변과 지원 등에 대해 다시 생각하게 하는 계기가 됐으면 좋겠다"고 소감을 밝혔습니다. 경기를 마친 뒤 그는 태극기를 두르고 트랙을 한 바퀴 돌며 기쁨을 만끽했어요. 아무도 주목하지 않았던 그가 캐낸 이 메달은 더욱 값졌습니다.

0.004초의 기적

여호수아 선수의 진정한 스포츠 정신은 4×400m 계주에서 더욱 빛을 발했습니다. 그는 원래 4×400m 선수가 아니었어요. 당시 4×400m 계주에 출전하기로 한 최동백 선수가 경기 직전에 부상을 당해 그를 대신해 여호수아 선수가 긴급 출전하게 된 거예요. 그런데 여호수아 선수는 이미 경기 시작 35분 전에 4×100m 계주에 참가해 체력을 다 소진한 상태였고, 또한 400m를 주 종목으로 뛰는 선수가 아니라 100m와 200m가 주 종목인 선수였어요. 그래서였을까요? 언론과 팬들은 이 팀을 주목하지도 기대하지도 않았습니다.

이렇게 여호수아 선수는 전력을 다해 뛰고 충분한 휴식을 취할 수 없었지만 팀을 위해 자신을 희생하며 출전했어요. 마지막 주자로 나선 그는 400m 계주 최강자이자 금메달리스트인 사우디아라비아의 유세프 아흐메드 마스라히 선수와 치열한 접전을 벌였습니다. 여호수아 선수는 마지막 힘을 다해 스퍼트를 내며 마스라히를 제치고 결승선을 통과했어요. 그 결과 한국팀은 값진 은메달을 획득하게 됐죠.

특히 그가 결승선을 통과하는 모습은 평범한 가슴 내밀기가 아니었어요. 결승선을 고작 30m 앞두고도 마스라히에게 뒤처져 있었기에 누구나 동메달로 만족할 만한 거리였어요. 그런데 마지막 주자 여호수아 선수는 기어코 몸을 날려 메달의 색깔을 바꿉니다. 마스라히와의 도착 기록 격차는 더욱 놀라웠는데요. 100분의 1초까지는 똑같은 기록이었는데 비디오판독 결과 0.004초라는 아주아주 미세한 차이로 먼저 결승선을 통과해서 이겼던 것이죠. 정말 기적 같은 레이스였습니다. 여호수아 선수는 그의 이름처럼 독실한 기독교인으로 알려져 있는데요. 그는 인터뷰에서 이렇게 고백했어요. "하나님께서 저를 잡고 결승선으로 던지셨다."

극복, 희생 그리고 팀워크

여호수아 선수가 2014년 인천 아시안게임에서 보여준 두 가지 쾌거는 스포츠 정신의 진수를 잘 보여 줍니다. 그의 행동은 극복, 희생, 팀워크라는 세 가지 가치를 강조해요.

먼저 무엇을 극복했을까요? 여호수아 선수는 예상치 못한 출전과 극한 상황 속에서도 흔들리지 않고 최선을 다했어요. 이는 역경에 맞서는 용기와 끈기를 보여 주는 좋은 예입니다. 그가 마지막 스퍼트를 내며 온 힘을 다하는 모습은 한계에 다다른 상황에서도 집중력을 유지하고 최고의 결과를 추구하는 스포츠맨십의 본보기예요.

두 번째, 여호수아 선수의 컨디션은 최상이 아니었지만 팀을 위해 출전했습니다. 이는 개인의 이익보다 팀을 우선하는 희생정신을 보여 줘요. 그의 희생으로 팀은 은메달을 획득할 수 있었고, 이는 스포츠의 본질인 팀워크와 협력을 강조하는 사례예요.

세 번째, 여호수아 선수와 팀원들은 끊임없이 소통하며 협력해 최고의 결과를 만들어 냈습니다. 이는 팀워크의 중요성을 잘 나타내며 공동의 목표를 향해 함께 노력하는 스포츠의 아름다움을 보여 주죠. 레이스가 끝나고 트랙에 누워 있는 여호수아 선수를 동료들이 일으켜 부둥켜안고 울고 웃으며 기뻐하는 모습에 국민들은 진한 감동을 받았어요.

여호수아 선수와 4×400m 계주 대표팀의 이야기는 그들의 뛰어난 실력과 끈기, 스포츠맨십으로 한국 육상 역사에 오래도록 기억될 거예요. 여호수아 선수의 헌신과 열정은 많은 이에게 영감을 주며 스포츠 정신의 진정한 가치를 다시금 생각하게 만듭니다. 지금 우리는 열정을 다해 어디에 몸을 날려야 할지 찾아보는 것도 의미가 있겠네요.

4장

스포츠를 변화시키는
미디어의 힘

TV에서 최초로 중계한
올림픽은 무엇일까?

근대 올림픽이 시작된 1896년 아테네 올림픽부터 현재 2024년 파리 올림픽까지 무려 128년의 역사를 자랑하는 올림픽 역사에서 TV로 처음 중계를 시작한 대회는 무엇일까요? 정답은 1936년 베를린 올림픽입니다.

이 올림픽은 우리나라의 손기정 선수가 마라톤경기를 제패한 올림픽으로도 유명해요. 당시 나치 정권 아래 있었던 독일은 이 올림픽으로 자국의 이미지를 개선하고 선전하려는 의도가 강했답니다. TV라는 새로운 매체의 등장으로 독일 국민들은 경기장에 가지 않더라도 경기의 생생한 현장을 집에서 또는 특별히 마련된 공개 시청 장소에서 볼 수 있게 된 거죠.

올림픽 TV 중계의 시작

최초의 올림픽 TV 중계를 담당한 회사는 독일의 텔레풍켄Telefunken이었습니다. 텔레풍켄은 이미 1935년 베를린에서 열린 전시회에서 전자식 텔레비전 시스템을 선보였고 자국 올림픽을 기회로 삼아 TV 기술을 대중에게 알리고자 했죠. 당시 TV를 소유한 가구는 매우 적어서 약 50개의 공개 시청 장소가 베를린에 마련됐어요.

공개 시청 장소에서는 사람들이 작은 화면으로 경기를 관람했어요. 독일의 수영선수 크리스티앙 비네르가 금메달을 목에 거는 순간을 작은 화면으로 지켜보며 그곳에 있던 사람들은 큰 환호를 보내곤 했죠. 당시 TV는 화면이 작고 선명도도 낮았지만 사람들은 선수들의 움직임과 표정을 보며 경기에 몰입했어요. 이는 TV가 대중매체로서 얼마나 강력한 도구가 될 수 있는지를 보여 주는 사례였답니다.

전 세계에서 쏟아진 관심

최초의 베를린 올림픽 TV 중계는 국제적으로 큰 주목을 받았습니다. 영국의 방송국 BBC는 텔레풍켄으로부터 중계 신호를 받아 자국에서 라디오 중계를 진행했는데요. 비록 TV가 아닌 라디오로 중계됐지만 사람들은 마치 TV를 보는 것처럼 생생하게 경기를 상상했어요. 작은 라디오 앞에 여러 사람이 모여 BBC의 올림픽 중계를 들으며 환호했어요. 팬들은 라디오로 들리는 중계 음성이 마치 현장에 있는 것처럼 생생하다며 좋아했거든요. 올림픽 TV 중계는 미국, 프랑스 등 다른 국가들에서도 관심이 높았던 만큼 전 세계적으로 큰 파급력을 발휘했어요.

한편 히틀러는 TV 중계로 자신을 전 세계에 알리고자 했습니다. 그는 올림픽으로 독일의 강력함을 선전하고자 했어요. 올림픽 개막식 연설을 TV로 중계해 많은 사람이 그의 모습을 보게 됐어요. 하지만 그의 의도와 달리 제시 오웬스라는 미국의 흑인 선수가 육상경기에 4개의 금메달을 따내며 히틀러의 인종차별 정책을 무색하게

최초의 올림픽 TV 중계를 위해 경기를 촬영 중인 카메라. © German History Intersections.

만들었습니다. 오웬스의 승리는 서로 다른 인종과 민족의 차이를 초월하는 스포츠 정신을 상징하는 올림픽의 중요한 순간으로 기록됐어요.

올림픽과 함께 발전한 TV 중계의 역사

1936년 베를린 올림픽의 TV 중계는 방송 역사상 중요한 이정표로 평가됩니다. 이는 전 세계 대중에게 스포츠를 실시간으로 생중계하는 시대를 열었다는 의미가 있어요. 비록 초기에는 시청 환경이 제한적이었지만 이 경험은 TV가 대중매체로서 성장하는 데 큰 역할을 했습니다.

1968년 멕시코시티 올림픽은 최초로 컬러 TV로 중계된 올림픽이었으며, 1988년 서울 올림픽은 우리 국민의 컬러 TV 보급률을 높이는 데 기여했어요. 당시 한국의 많은 가정에서는 컬러 TV를 구입해 가족과 함께 경기를 시청했습니다. 최초의 고화질 서비스인 HDTV 중계는 2004년 아테네 올림픽에서 시작됐어요. 이는 전 세계적인 TV 기술 발전으로 스포츠 팬들에게 더욱 생생한 경험을 제공할 수 있었답니다.

올림픽과 함께한 TV 중계의 역사는 스포츠 문화와 매체 기술의 발전을 이끌어 온 중요한 여정이에요. 올림픽으로 미디어는 새로운 도전을 맞이하며 시청자들에게 더욱 생생한 경험을 제공하게 됐답니다.

과거에는 농구경기도 축구경기처럼 전후반으로 진행됐다고?

농구는 미국과 우리나라를 비롯해 세계인이 사랑하는 스포츠입니다. 한국에서 농구 대통령이라 불리는 허재 감독은 선수로 활약하던 농구대잔치 시절과 프로농구 초창기에 정말 인기가 높았어요. 그리고 미국 NBA의 황제 마이클 조던은 많은 사람에게 사랑을 받으며 스포츠스타가 가지는 영향력이 얼마나 큰지를 보여 줬죠. 이 두 선수는 농구에 관심이 크지 않은 사람들조차도 알 정도로 유명한 인물들입니다.

이렇듯 농구는 스타선수들 덕분에 점점 많은 인기를 얻었고, 그동안 규칙과 제도에도 많은 변화를 거듭했답니다. 특히 3점슛이 생기고 우리나라의 경우 경기 방식이 전후반에서 4쿼터로 바뀐 점은 큰 변화 중 하나예요. 이러한 변화를 이끈 것은 미디어와 마케팅입니다.

지금과 달랐던 경기 규칙

유튜브 영상을 보다가 우연히 허재 감독이 선수로 뛴 옛 경기를 발견했어요. 흥미로웠던 점은 영상 속 경기장에는 3점슛 라인이 없었어요. 화면을 멈추고 확대해서 자세히 살펴도 3점슛 라인을 찾아볼 수 없었습니다. 그렇게 옛날 농구경기 규칙은 지금과 많이 달랐다는 걸 알게 됐어요.

경기 규칙은 시간에 따라 계속 변화했는데 국내에서는 1984년 농구대잔치에서 처음으로 3점슛이 도입됐다고 합니다. NBA에서는 1933년에 처음 제안돼 1979-1980시즌에 처음 도입됐고, 올림픽에

3점슛 라인이 없는 옛날의 농구경기장. © Quora.

서는 1988년 서울 올림픽에 처음으로 3점슛이 허용됐답니다. 이렇게 농구는 규칙이 계속 변화하면서 더 흥미로운 스포츠로 발전해 왔어요.

한편 과거에는 농구경기가 전후반으로 나뉘어 진행됐습니다. 아직도 아마추어 경기에는 전후반 제도가 유지되기도 해요. 우리나라의 경우 프로농구리그가 출범하면서 경기가 4쿼터로 나뉘게 됐습니다. 이렇게 바뀐 이유는 무엇일까요? 여기에는 중요한 비밀이 숨겨져 있습니다.

광고 수익으로 성장하는 프로농구리그

농구경기가 4쿼터로 나뉜 이유 중 하나는 바로 미디어와의 관계 때문입니다. 프로농구는 상업성이 강하고 리그를 유지하고 발전시키기 위해서는 많은 돈이 필요합니다. 이 돈은 주로 광고로부터 나와요. 농구경기를 4쿼터로 나누면 광고를 더 많이 삽입할 수 있게 됩니다. 전후반 경기 방식보다 2배 많은 광고 기회를 제공하는 셈이죠. 기존의 농구장 광고판인 A보드를 사용할 수 있지만 TV 중계 시대에 미디어로 노출하는 것이 효과가 더 크다는 점을 주목해야 합니다.

그리고 농구경기 중에는 작전타임이 자주 있습니다. 매 쿼터가 끝날 때마다 감독이 작전을 짜는 시간은 작은 전투처럼 중요해요. 이 시간 동안 미디어는 감독의 작전을 생생하게 전달할 수 있습니다. 시청자들은 감독의 작전을 듣고 경기를 더욱 흥미롭게 즐길 수 있게 되죠.

또한 미디어는 농구를 전 세계적으로 알리는 데 중요한 역할을 했습니다. 농구경기를 생중계하고 하이라이트 영상을 제공하며 선수들의 인터뷰와 몰랐던 이야기를 전달해요. 이러한 미디어의 노력 덕분에 농구는 더 많은 사람에게 알려지며 사랑받게 됐습니다. 광고주들은 농구로 더 많은 사람에게 다가갈 수 있게 됐고, 이는 프로농구 리그의 성장에도 큰 도움이 됐답니다.

미디어와 프로농구의 미래

최근 NBA는 새로운 시도로 '인시즌 토너먼트In-Season Tournament'를 도입했어요. 이 토너먼트는 정규 시즌 중에 진행되는 특별한 대회로 NBA가 마케팅을 위해 얼마나 많은 아이디어를 내고 노력하는지 알 수 있는 대목입니다. 이러한 변화는 팬들과 광고주에게 새로운 흥미를 제공해요. 더 많은 경기가 열리면서 팬들의 관심을 오래 붙잡아 둘 수 있고, 동시에 그만큼 광고주들이 몰려 중계권료와 광고 수익도 증가하게 돼요.

농구와 미디어는 앞으로도 함께 발전해 나갈 거예요. 미디어 기술의 발전과 함께 농구경기 중계는 더욱 생동감 있고 현실감 있게 변할 것입니다. 머지않아 가상현실 기술로 마치 경기장에 있는 것처럼 집에서 경기를 관람할 수 있을 거예요. 그리고 소셜미디어로 선수들과 팬들이 직접 소통할 수 있는 기회가 더 많아질 것으로 예상합니다.

Q3. 농구 대통령 허재 감독은 왜 중국 기자에게 욕했을까?

2011년 중국에서 열린 FIBA^{국제농구연맹} 아시아컵 준결승전에서 한국과 중국 국가대표팀이 격돌하며 뜨겁게 맞붙었어요. 경기는 내내 팽팽한 긴장감이 감돌며 치열했지만 한국 국가대표팀은 아쉽게도 패배하고 말았습니다. 경기가 끝난 후 한국 대표팀의 허재 감독과 오세근 선수는 중국 기자들이 모인 기자회견장에 참석했어요. 문제의 사건은 바로 여기서 발생했어요.

이 자리에서 일어난 사건을 보고 많은 스포츠 팬이 허재 감독의 반응에 공감했고, 동시에 한편으로는 스포츠와 미디어의 관계에 대해 생각해 보게 만드는 계기가 됐습니다.

황당한 질문을 하는 중국 기자

기자회견이 시작되자마자 중국 기자들은 도발적이고 무례한 질문을 던지기 시작했습니다. 첫 번째 질문은 오세근 선수에게 "왜 7번 선수를 팔꿈치로 가격했는가?"라는 것이었어요. 이는 오세근 선수가 일부러 반칙했다는 뉘앙스를 담고 있었어요. 오세근 선수는 "경기 과정의 일부였다"라고 답했지만 질문 자체가 불쾌한 것이었습니다.

다음으로 허재 감독에게 "당신은 유명한 3점 슈터였는데 왜 오늘 한국 선수들은 3점슛 성공률이 5%밖에 되지 않았는가?"라는 질문이 이어졌습니다. 이는 허재 감독의 과거 선수 시절 성적과 현재 이끌고 있는 팀의 성적을 비교하며 조롱하는 듯한 질문이었어요. 허재 감독은 "중국이 수비를 잘했다"라고 답했지만 분위기에는 점점 긴장감이 감돌았습니다.

이어진 중국 기자의 질문에 허재 감독은 크게 노했답니다. "왜 한국 선수들은 경기 시작 전 중국 국가가 나올 때 국기를 향해 서지 않았는가?"라는 질문이 나왔어요. 이 질문은 정말 어이없는 질문이었죠. 어떤 국가의 팀이든 상대 팀의 국기를 향해 설 필요는 전혀 없습니다. 그렇게 해야 할 아무런 이유가 없는 것이죠. 조선시대부터 중국은 늘 우리와의 관계에서 형 노릇 하길 원했는데 그러한 사상이 아직도 있는 것일까요? 결국 허재 감독은 분노를 참지 못하고 자리에서 일어나서 한국말로 욕설을 날리며 기자회견장을 떠났습니다.

기자의 무례한 질문을 받은 사례는 또 있습니다. 2022년 카타르 월드컵에서 한국 대표팀의 주장 손흥민 선수는 브라질과의 16강전 직후 무례한 질문을 받았습니다. 카타르 매체인 비인스포츠는 브라질전을 마치고 가진 손흥민 선수와의 인터뷰 영상을 트위터로 공개했는데요. 영상 속에서 한 기자는 손흥민에게 질문합니다. "전반전은 후반전보다 경기력이 좋지 않았던 것 같다. 포르투갈전과 비교했을 때 오늘 한국 선수들에게 무슨 일이 있었나?"라고 물었습니다. 쉽게 말해서 포르투갈전에는 잘하더니 브라질전 경기력은 왜 이렇게 엉망이었냐는 무례한 질문이었죠.

이에 손흥민은 얼굴을 찌푸리며 "아니다. 우리는 모든 걸 바쳤다. 그런 식으로 우리를 비난하지 말라"고 답했습니다. 이어 "알다시피

카타르 기자의 무례한 질문에 화난 손흥민 선수. © World Football Club.

브라질은 우승 후보다. 우리가 공간을 주면 그들은 득점한다"며 "나는 우리 팀 선수들이 너무 자랑스럽다. 우리 선수들이 모든 것을 쏟아부었기 때문에 선수들을 비난하고 싶지 않다"라고 덧붙였습니다. 또한 "우리의 젊은 선수들이 멈추지 않기를 바라고 월드컵에서 뛰는 것이 얼마나 중요한지 깨닫길 바란다"라고 말했습니다.

기자회견의 목적과 태도

기자회견은 경기의 결과와 관련된 정보 공유와 소통의 장이어야 합니다. 이로써 팬들과 대중이 경기 중 상황과 선수들의 생각을 이해할 수 있기에 그렇습니다. 그러나 불필요한 논란을 야기하는 질문은 이러한 근본적인 목적을 훼손하고 선수들과 미디어 간의 신뢰를 무너뜨릴 수 있어요. 바로 처음의 중국 기자처럼 말이죠. 중국 기자는 스스로 갖춰야 할 기자의 품격을 떨어뜨렸습니다. 그리고 기자들은 경기 후 기자회견에서 객관적이고 공정한 질문을 해야 해요. 선수들과 감독들에게 도발적이거나 무례한 질문을 던지는 것은 그들의 사기를 떨어뜨리고 불필요한 갈등을 초래할 수 있기 때문이에요.

그런데도 만약 기자의 도발적인 질문을 받는다면 그들은 각기 다른 방식으로 대응할 수 있습니다. 허재 감독의 경우 국민을 대변해 시원하게 대답함으로 많은 이들에게 공감을 얻었습니다. 반면 손흥민 선수는 침착하고 차분하게 대응하며 상황을 진정시키고 미디어의 공격을 무력화시켰어요. 이처럼 다양한 대응 방식은 각기 다른 효과를 가져오며 상황에 따라 적절한 대응이 필요해요.

스포츠와 미디어의 관계는 상호존중과 공정성을 기반으로 이뤄져야 해요. 기자들은 객관적이고 사실에 기반한 질문을 던져야 하며, 선수들과 감독들은 도발적인 질문에도 침착하게 대응해야 합니다. 그래야만 경기 후 기자회견이 진정한 소통의 장으로 기능할 수 있기 때문이죠.

Q4. 언론사의 저주에 걸려 70년 이상 우승하지 못한 야구팀이 있다고?

미국 메이저리그 역사에서 빼놓을 수 없는 이야기가 바로 저주에 걸린 팀들에 관한 이야기입니다. 특히 시카고 컵스와 보스턴 레드삭스가 겪은 지긋지긋한 미신과도 같은 저주는 스포츠와 미디어가 어떻게 상생하고 상호작용을 하는지 알려 준답니다.

1945년 시카고 컵스의 팬 빌리 시아니스Billy Sianis가 자신의 애완 염소와 함께 경기장을 찾았다가 입장을 거부당한 사건에서 시작된 '염소의 저주Curse of the Billy Goat'와 1920년 보스턴 레드삭스가 전설의 선수 베이브 루스Babe Ruth를 뉴욕 양키스로 트레이드한 후 발생한 '밤비노의 저주Curse of the Bambino'는 이 두 팀이 오랜 기간 월드시리즈 우승을 하지 못한 원인으로 지목됐고, 미디어는 이 이야기를 반복적으로 보도하며 저주를 더욱 부각했습니다.

염소의 저주

1945년 시카고 컵스의 팬 빌리 시아니스는 자신의 애완 염소와 함께 경기장을 찾았다가 입장을 거부당했어요. 시카고 선타임스의 기자 스티브 훠스는 컵스가 월드시리즈에서 패배한 후 "컵스가 염소의 저주를 받았다"라고 주장하는 기사를 작성했습니다. 지역신문과 라디오방송은 이 저주 이야기를 반복적으로 보도하며 팬들의 관심을 끌었어요. 매년 컵스가 중요한 경기에서 패배할 때마다 미디어는 저주 이야기를 극적으로 구성해 보도했죠. 예를 들어 컵스 경기장에 염소의 영혼이 깃들어 있다거나 컵스가 저주를 풀기 위해 노력하고 있

직접 염소를 데려와 시카고 컵스의 패배를 염원하는 상대 팀의 팬.

다는 이야기가 자주 언급됐습니다.

실제로 팬들은 저주를 극복하기 위해 다양한 노력을 기울였어요. 염소를 다시 경기장에 데려오거나 염소의 모형을 만들어 혼을 달래고, 정교회 신부가 더그아웃 주변에 성수를 뿌리는 등 다양한 시도를 했어요. 그러나 이러한 노력에도 불구하고 컵스는 오랫동안 우승하지 못했습니다.

결국 컵스는 과학적인 접근과 합리적인 전략으로 저주를 극복했어요. 2016년 컵스는 저주 브레이커로 알려진 테오 엡스타인Theo Epstein을 단장으로 영입해 월드시리즈 우승을 차지하며 71년 만에 염소의 저주를 풀었습니다. 엡스타인은 선수들에게 "깨지지 않을 징크스는 없다"라고 다독이며 선수들의 패배의식을 깨고 팬들에게도 "우승을 즐길 준비를 해라"며 자신 있게 저주를 풀어냈습니다.

밤비노의 저주

염소의 저주에서 시카고 컵스를 구해낸 테오 엡스타인 단장은 컵스의 저주를 풀기 전 사실 다른 저주를 먼저 풀었는데, 이것이 바로 보스턴 레드삭스가 86년간 겪은 '밤비노의 저주'입니다. 이 저주는 메이저리그의 전설적인 선수 베이브 루스가 레드삭스에서 양키스로 트레이드되면서 생겨난 이야기인데요. 레드삭스가 양키스로 루스를 보낸 후 한 번도 월드시리즈에서 우승을 차지하지 못한 것이 밤비노의 저주 때문이라고 언론이 부추겼고 사람들도 그렇게 믿기 시작한 거죠. 밤비노의 뜻은 이탈리아어로 '갓난아기'라는 뜻인데, 사람들이 베이브 루스의 베이브를 베이비baby에 빗대어 불렀기 때문에 밤비노의 저주라 부르게 된 것입니다.

보스턴 레드삭스는 1918년에 월드시리즈 우승 후 2004년 우승까지 86년간 우승하지 못했는데, 그 이유를 1920년에 베이브 루스를 이적시킨 것에 저주가 들었다고 생각했어요. 베이브 루스는 양키스로 이적 후 네 번이나 월드시리즈 우승을 안겨 줬으니 얼마나 배가 아팠으면 저주받았다고 생각했을까요? 루스의 개인 기록을 보면 레드삭스는 배가 아플 수밖에 없습니다. 22년간의 메이저리그 경기에서 714개의 홈런을 치며 역대 3위, 1929년에는 한 시즌에 60개의 홈런 기록을 세웠을 정도로 어마어마한 선수로 활약했는데 이 전설적인 기록을 대부분 양키스에서 세웠거든요.

앞서 염소의 저주를 풀기 위해 컵스의 팬들이 별의별 짓을 다 했다고 했듯이 레드삭스 팬들도 에베레스트산에 오르며 베이스캠프에서는 양키스의 모자를 태우고 정상에서는 돌에 레드삭스의 모자를 씌우기도 했고, 루스가 보스턴 인근 연못에 버린 피아노를 인양해 다시 연주하기도 할 정도로 미신적인 행위를 많이 했습니다. 그만큼 팬들은 밤비노의 저주를 풀기 위해 간절했어요.

미디어의 참을 수 없는 유혹

스포츠와 미디어의 상호작용은 염소의 저주와 밤비노의 저주뿐만 아니라 다른 흥미로운 저주 이야기들에서도 잘 나타납니다. 1969년 뉴욕 메츠와 시카고 컵스의 경기 도중 검은 고양이가 경기장에 나타나 컵스의 더그아웃을 지나갔어요. 이후 컵스는 경기에서 패배하고 결국 시즌 말에 우승 경쟁에서도 탈락하게 되죠. 미디어는 이 사건을 '검은 고양이의 저주Curse of the Black Cat'로 명명하고 컵스의 실패를 이 저주와 연관해 보도했습니다. 염소의 저주로 재미를 본 미디어는 또 하나의 저주를 만들어 자신들의 존재감을 나타내려 한 것이죠.

그리고 2003년 시카고 컵스와 마이애미 말린스의 경기에서 컵스의 팬 스티브 바트만이 파울볼을 잡으려다 외야수의 수비를 방해하는 사건이 있었습니다. 컵스는 그 경기를 비롯해 시리즈에서 패배하며 또다시 월드시리즈 진출에 실패하죠. 언론은 이 사건을 '스티브 바트만의 저주Curse of the Steve Bartman'로 불렀고, 바트만은 오랫동안 팬들과 언론의 비난을 받아야 했답니다.

이처럼 언론은 저주 이야기를 만들어 팬들의 흥미를 끌고 스포츠에 대한 관심을 높입니다. 이러한 이야기는 팬덤을 형성하고 팬들 사이의 연대감을 강화하며 팀의 역사와 문화를 풍부하게 만들어요. 그러나 그만큼 긍정적인 효과뿐만 아니라 부정적인 효과를 가져올 수도 있어요. 팬들과 선수들은 저주로 과도한 압박을 받게 되고 저주를

216

믿는 것은 비합리적 사고를 촉진할 수 있기 때문이죠.

한편 엡스타인은 미신은 미신일 뿐 과학적인 방법으로 저주를 풀어내자 일부 언론은 그의 성공이 지속될 수 있을지에 의문을 제기하며 그가 가진 능력과 운에 대한 다양한 분석을 제시했는데요. 자신들이 만든 저주 이야기에 마침표가 찍히는 걸 아쉬워하며 질투한 것이죠. 그리고 엡스타인의 성공은 단순한 우연의 일치라고 주장하며 그의 역할을 과소평가하기도 했어요. 하지만 일부 언론들의 주장일 뿐이었고 대표적인 스포츠 전문 미디어 ESPN은 엡스타인을 '위대한 저주 브레이커'라고 칭송했답니다.

살펴봤듯이 미디어는 흥미로운 이야기를 제공하는 동시에 사실과 객관성을 유지해야 합니다. 저주 이야기를 흘려 스포츠의 재미를 높일 수는 있지만 그로 인한 부작용도 고려해야 해요. 저주는 단순한 미신에 불과하며 팀의 성패는 선수들의 실력과 전략 그리고 약간의 운에 달려 있다는 점을 잊지 않는 게 중요하겠습니다.

스포츠 선수는 기자회견에
반드시 참석해야 할까?

오사카 나오미Osaka Naomi는 일본을 대표하는 세계적인 테니스선수입
니다. 그녀는 어렸을 때부터 테니스에 남다른 열정을 가지고 있었고
어머니의 훌륭한 정신적인 가르침을 받으며 성장했어요. 나오미는
2018년 US오픈 테니스대회매년 9월 미국 뉴욕에서 개최되는 4대 세계테니스대회 중 하나
에서 우승하며 큰 주목을 받았고 이후 그랜드슬램4대 세계테니스대회인 윔블
던, US오픈, 프랑스오픈, 호주오픈에서 모두 우승하는 일을 달성하며 세계적인 스타로
자리매김했습니다. 그녀의 테니스경기는 강력하면서도 섬세한 플레
이로 많은 팬에게 사랑받고 있답니다. 그런데 이런 나오미 선수가 기
자회견을 거부한 일이 있었어요.

프랑스오픈 기자회견을 거부하다

2021년 오사카 나오미가 테니스코트 밖에서 내린 큰 결단이 세계적으로 많은 논란이 됐어요. 당시 프랑스오픈에서 정신건강에 해롭다는 이유로 경기 후 기자회견을 거부하겠다고 발표한 것입니다. 나오미는 패배 후 기자회견이 선수의 감정에 큰 부담이 된다고 밝혔습니다. 그녀는 "경기에서 패한 뒤 기자회견에 참가하는 선수를 보면 이미 넘어진 사람을 또 발로 차는 것 같다"라고 했어요.

　나오미의 이 결정은 미디어와 운동선수의 관계에 대한 중요한 논의를 촉발했어요. 프로스포츠에서 선수와 미디어와의 상호작용은 종종 계약의 일부로 포함되며 스포츠를 홍보하고 팬들과의 소통을 증진시키는 중요한 역할을 합니다. 그러나 이러한 의무가 항상 쉬운 것만은 아니에요. 선수들이 경기 후 감정적으로 고조된 상태에서 미디어 앞에 서는 건 큰 부담이 될 수 있거든요.

스스로를 보호하는 선수들

오사카 나오미의 용기 있는 결정은 많은 사람에게 큰 영향을 미쳤습니다. 그녀의 사례는 모든 운동선수가 언제든 미디어에 직면할 수 있는 상태에 있는 건 아니라는 점을 강조했어요. 특히 패배나 힘든 경기와 같이 감정이 고조되는 사건을 치른 후에는 더욱 그렇습니다. 그녀의 발표 이후 많은 사람이 운동선수들의 정신건강을 더 잘 이해하게 됐고 미디어와의 상호작용에 대해 새로운 시각을 갖게 됐어요.

또 다른 전설의 테니스선수 비너스 윌리엄스는 나오미의 선언에 대해 "당신의 인생은 당신이 사는 것"이라며 응원의 메시지를 보냈습니다. 마숀 린치, 세레나 윌리엄스, 찰스 바클리와 같은 다른 유명 운동선수들도 미디어와의 갈등을 겪은 바 있어요. 미디어와의 접촉을 극도로 꺼려 벌금까지 물었던 미식축구선수 마숀 린치는 2015년 기자간담회에서 "나는 그냥 여기 나왔으니 벌금을 물지 않을 거야"라는 말로 유명세를 치른 바 있습니다. 테니스선수 세레나 윌리엄스

경기에서 서브 넣을 준비를 하고 있는 나오미.

는 성적이 좋지 않은 어려운 시기에 기자회견을 거부한 적이 있습니다. NBA의 레전드로 불리는 찰스 바클리 역시 언론과의 갈등으로 여러 차례 인터뷰를 거부하거나 벌금을 물었어요.

이러한 사례들은 선수들이 미디어와의 관계에서 겪는 어려움과 긴장을 잘 보여 줍니다. 선수들은 경기를 홍보하고 팬들과 소통하기 위해 미디어와 상호작용해야 하는 의무가 있지만, 이 과정에서 개인의 정신건강과 권리를 보호하는 것도 중요합니다.

존중해야 하는 선수 개인의 건강과 행복

오사카 나오미의 용기 있는 행동은 많은 사람에게 큰 교훈을 줬어요. 우리는 선수들의 권리를 존중하고 그들이 필요할 때 휴식을 취할 수 있도록 이해와 지원을 제공해야 합니다. 스포츠는 경기장에서 펼치는 선수들의 멋진 플레이뿐만 아니라 그들의 건강과 행복도 함께 고려하는 것이 중요해요. 이를 우리가 함께 이해하고 지지한다면 더 나은 스포츠 세상으로 빛날 거예요. 나오미는 우리가 스포츠와 미디어의 관계를 다시 생각하게 만들었고 선수들의 권리를 보호하는 새로운 방향을 제시했답니다.

지금의 마이클 조던을
만든 건 스포츠용품 회사라고?

여러분은 농구 하면 가장 먼저 떠오르는 선수가 누구인가요? 아마도 많은 사람이 농구선수 마이클 조던Michael Jordan을 떠올릴 것입니다. 그는 농구 역사상 위대한 선수 중 한 명으로 뛰어난 경기력과 카리스마로 전 세계 팬들을 사로잡았죠. 놀라운 공격력과 방어력을 갖춘 그는 높은 점프력과 빠른 속도로 상대 선수를 제압했고, 그의 덩크슛은 지금도 여전히 기억되며 회자될 정도로 인상적이었죠.

그러나 조던의 성공 비결은 그의 농구 실력에만 있지 않았어요. 스포츠용품 회사 나이키Nike와의 파트너십 그리고 미디어의 강력한 지원이 그를 평범한 선수에서 전설의 선수로 만들었습니다.

아디다스는 알아보지 못한 그의 가치

조던이 처음 나이키와 계약을 맺을 때의 이야기를 들어본 적 있나요? 1984년 NBA에 입단한 조던은 신발 후원 계약을 놓고 여러 브랜드와 협상 중이었습니다. 당시 그는 경쟁사 아디다스Adidas를 좋아했기에 아디다스와 계약하고 싶어 했어요. 그러나 아디다스는 그의 가치를 제대로 알아보지 못한 반면, 나이키는 조던의 잠재력을 높이 평가하고 특별한 마케팅 계획을 세웠습니다. 나이키의 임원들은 조던의 가족을 회사로 초대해 직접 계획을 발표하며 그들의 신뢰를 얻었어요. 결국 그는 나이키와 계약을 맺기로 결심했습니다.

이후 '에어조던Air Jordan'이라는 혁신적인 브랜드가 탄생하죠. 이 계약은 조던의 경력과 나이키의 역사에 모두 중요한 전환점이 됐습니다. 단순한 후원 계약이 아닌 그의 브랜드 가치와 농구 실력을 결합한 전략적 파트너십의 시작이었던 거죠.

에어조던의 탄생

나이키는 조던의 뛰어난 점프력을 강조하기 위해 '에어'라는 이름을 붙이고 그의 첫 시그니처 농구화인 에어조던을 출시했습니다. 조던은 경기에 나설 때마다 이 에어조던을 착용했고 그의 놀라운 플레이와 더불어 그 농구화는 농구팬들 사이에서 큰 인기를 끌었어요. 나이키는 이를 적극적으로 활용해 다양한 마케팅 전략을 펼쳤습니다. 예를 들어 에어조던 광고에서 조던이 하늘을 나는 듯한 덩크슛 장면을 강조하며 그의 이미지를 더욱 강화했죠.

에어조던 시리즈는 매년 새로운 모델이 출시되며 계속해서 발전해 나갔습니다. 각 모델은 독특한 디자인과 첨단기술을 자랑하며 농구팬들과 패셔니스타들 사이에서 큰 인기를 끌었어요. 특히 에어조던 3의 경우 디자인을 담당한 팅커 햇필드가 처음으로 에어 장치를 가시적으로 드러냈고 조던의 승리와 함께 이 모델은 전설적인 농구화로 자리 잡았습니다.

1992년 바르셀로나 올림픽에서 드림팀의 일원으로 활약하며 조던이 신었던 에어조던 7도 세계적인 인기를 얻었어요. 금메달을 딴 미국의 드림팀은 전 세계 팬들의 관심을 모았고 조던이 신은 에어조던 7은 더 큰 주목을 받았습니다. 이는 그가 NBA의 스타를 넘어 국제적인 스타로 발돋움하는 계기가 됐고 에어조던 브랜드 역시 글로벌 시장에서 확고한 위치를 다졌죠.

또 다른 흥미로운 에피소드는 잠깐 야구선수로 변신해 활약하던 조던이 1995년 다시 농구코트로 돌아왔을 때의 일입니다. 그는 에어조던 11을 신고 복귀했는데 이 모델은 그가 농구코트에 돌아오면서 출시된 첫 제품이었어요. 이 농구화는 고급스러운 디자인과 투명한 밑창으로 많은 이목을 끌었면서 특별히 조던의 복귀와 함께 엄청난 인기를 얻었답니다. 지금도 에어조던 11은 많은 사람에게 아름다운 농구화 중 하나로 기억되고 있습니다.

농구선수를 세계적인 스타로 바꾼 미디어의 힘

에어조던 시리즈의 영향력은 경제적, 문화적으로도 매우 컸습니다. 이 시리즈는 나이키와 조던에게 막대한 부를 안겨 줬죠. 그리고 농구화가 단순한 스포츠용품을 넘어 패션아이템으로 자리 잡게 했으며 이는 전 세계 청소년 문화에 큰 영향을 미쳤습니다. 에어조던은 이제

조던의 사인이 담긴 실제 유니폼과 농구화들.

스포츠와 패션, 라이프스타일을 대표하는 아이콘이 됐어요.

마이클 조던이 코트 위의 농구스타에서 세계적인 아이콘으로 성장하는 데는 미디어의 역할이 매우 컸습니다. 나이키의 마케팅 전략도 미디어를 적극적으로 활용하는 것이었죠. 나이키는 조던의 이미지를 활용한 다양한 광고와 더불어 지금도 나이키의 상징처럼 쓰이는 'Just Do It그냥 해' 같은 슬로건 캠페인을 전개했고 이로써 에어조던 브랜드의 성공에 큰 기여를 했죠. 조던이 출연한 광고들은 그의 탁월한 능력과 스타일을 강조하며 팬들에게 큰 호응을 얻었습니다. 이러한 광고들은 단순히 제품을 판매하는 것을 넘어 조던이라는 인물을 하나의 브랜드로 만들어냈어요.

미디어는 조던의 성공 스토리를 끊임없이 보도하며 그의 이미지를 더욱 영웅으로 만들었습니다. 그의 경기뿐 아니라 그의 훈련 방식, 인간적인 면모, 사회적 활동 등 다양한 측면을 조명하며 조던을 더욱 입체적인 인물로 그려냈어요. 그렇게 조던은 우리 곁에 누구나 존경하는 인물로 남아 있게 됐답니다.

Q7. 영국 프리미어리그는 어떻게 세계 최고의 리그가 됐을까?

축구팬이라면 잉글랜드 프리미어리그^{EPL}를 모르는 사람은 없을 거예요. 특히 우리나라 축구팬에게는 익숙한 리그입니다. 박지성, 이영표, 기성용, 이청용, 손흥민, 황희찬 선수 등 우리의 축구스타들이 멋지게 활약한 리그라 매우 친숙합니다. 프리미어리그는 그야말로 프로축구리그의 왕국이자 전 세계 팬이 열광하는 축제가 매주 열리는 곳이에요.

한편 이 프로축구리그 왕국 뒤에는 우리가 잘 모르는 이야기가 많이 숨어 있습니다. 그중 하나가 바로 미디어와 중계권 이야기인데요. 우리나라는 원래 스포티비^{SPOTV}가 독점하다시피 중계권을 가지고 있었는데 2025-2026시즌부터 쿠팡플레이^{coupang play}가 스포티비를 누르고 독점으로 중계권을 따왔어요. 총 계약기간은 6년이고 연

700억씩 지불하기에 4,200억 규모의 중계권료를 프리미어리그에 지불하기로 한 것이죠. 그만큼 스포츠 시장을 구성하는 요소에서 미디어와 중계권이 차지하는 비중이 어마어마하다 볼 수 있어요. 중계권료는 해당 리그와 팀들의 재정 상태를 강화하고 경기 수준을 높이는 데 중요한 자금이 됩니다. 그렇다면 이 중계권료가 프리미어리그와 축구팬들에게 구체적으로 어떤 영향을 미칠까요?

프리미어리그의 마법을 만드는 돈

축구경기 하나를 멋지게 즐기려면 단지 공 하나만 있으면 되는 게 아니랍니다. 선수들이 경기장에 서기까지는 정말 많은 돈이 들어가요. 그러면 프리미어리그는 그 돈을 어떻게 마련할까요? 바로 중계권 계약입니다.

프리미어리그는 1992년에 처음 출범했어요. 스카이스포츠Sky Sports는 프리미어리그의 중계권을 사들여 축구 중계의 새로운 시대를 열었습니다. 이 계약으로 프리미어리그는 엄청난 재정을 지원받게 됐고 이는 리그의 발전에 큰 기여를 하게 되죠. 스카이스포츠는 단순히 경기 중계에 머물지 않고 다양한 분석 프로그램과 하이라이트 쇼를 만들어 팬들에게 더 많은 콘텐츠를 제공하기 시작했습니다. 덕분에 팬들은 경기를 더 깊이 이해하며 즐길 수 있게 됐어요.

그리고 프리미어리그 내 소도시에 속한 구단들은 받은 중계권료를 서로 분배해서 경기장 시설을 개선하고 더 좋은 선수를 영입할 수 있어요. 이로써 팀의 성적은 점점 향상되고 팬들도 더욱 증가하죠. 예전에는 지역주민들만 응원하던 팀이 이제는 세계적인 인기를 얻었고 덩달아 마을 경제도 발전하게 된답니다. 예를 들어 황희찬 선수가 활동하는 울버햄튼 원더러스 FC는 작은 도시에 속하면서도 입장권료 수익 외 중계권료 수익으로 매년 2,000억 이상의 자금을 확보한답니다.

프리미어리그는 총 중계권료의 50%를 20개 구단에게 공평하게 분배해요. 25%는 성적 순위에 따라 배당하고 나머지 25%는 생중계 횟수와 시설 이용료에 따라 배당해요. 전 세계의 많은 국가에 중계권을 팔고 있으니 프리미어리그의 힘은 사실 중계권료에 있다고 봐도 무방한 것이죠. 경쟁 리그인 독일의 분데스리가Bundesliga나 스페인의 라리가La Liga보다 2배에 가까운 중계권료 수익을 올리는 곳이 바로 프리미어리그입니다.

중계권 경쟁이 가져오는 변화

프리미어리그의 중계권은 여러 방송사와 스트리밍 플랫폼 간의 치열한 경쟁을 거쳐 판매됩니다. 이 경쟁은 리그와 팀들에게 막대한 수익을 안겨 줄 뿐만 아니라 시청자들에게도 다양한 혜택을 제공하는 데요. 최근 몇 년간 스트리밍 플랫폼이 급격히 발전하면서 팬들은 다양한 방식으로 경기를 시청할 수 있게 됐습니다. 팬들은 이제 경기를 TV로만 보는 것이 아니라 스마트폰, 태블릿PC, 노트북 등 다양한 장비를 사용해 언제 어디서나 시청할 수 있죠. 예를 들어 회사에서 근무하던 직장인이 점심시간에 스마트폰으로 경기를 시청하며 동료들과 함께 응원하는 즐거움을 느낄 수 있겠죠. 이는 팬들의 라이프스타일에 맞춘 시청 환경을 제공함으로써 더욱 많은 사람이 프리미어리그를 즐길 수 있게 만들어요.

그리고 프리미어리그의 중계권 경쟁은 리그의 글로벌화를 촉진시켰습니다. 다양한 국가에서 중계권을 확보한 방송사들은 자국의 언어로 중계를 제공하며 현지 팬들을 위한 특별한 콘텐츠를 제작해요. 예를 들어 아시아 지역의 한 방송사는 프리미어리그 경기를 모국어로 중계할 뿐만 아니라 현지 팬들을 대상으로 하는 이벤트와 팬미팅을 개최해 리그의 인기를 더욱 높였어요. 이는 리그의 글로벌 팬덤을 확장하고 다양한 문화권의 팬들이 하나로 연결되는 계기가 됐습니다. 우리나라에서는 OTT^{Over The Top, 개방된 인터넷으로 방송 프로그램, 영화 등 미디어 콘텐츠를 제공하는 서비스} 기업인 쿠팡플레이가 2025-2026시즌부터 중계권을 독점으로 확보한 사례가 대표적이죠. 연간 프리미어리그에 지급해야 하는 돈이 무려 700억이니 정말 '억' 소리 나는 중계권 전쟁이네요.

중계권료가 축구 산업에 미치는 영향

프리미어리그의 중계권료 수익은 축구 산업 전체에 큰 영향을 미칩니다. 중계권료 수익은 리그와 팀들의 재정을 튼튼하게 할 뿐만 아니라 다양한 방식으로 재투자됩니다. 중계권료 수익은 경기장 시설 개선에 크게 기여해요. 한 프리미어리그 팀은 중계권료로 최신식 경기장과 훈련 시설을 구축했어요. 2023-2024시즌에 리그 출범 후 처음으로 프리미어리그로 승격한 루턴 타운 FC는 중계권료를 포함한 수익으로 최소 2,000억의 자금을 확보했고 곧 새로운 경기장을 건설할 것이라고 밝혔답니다. 2015년에 발표한 프리미어리그 사무국의 자

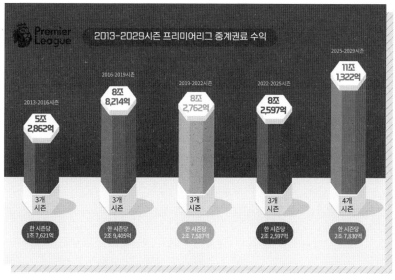

2013-2029시즌 프리미어리그 중계권료 수익. © The Athletic.

료에 따르면 "중계권료는 각 구단의 최고 경기력을 보여 주고, 유소년 선수를 길러내는 데 바탕이 된다"라고 밝힌 바 있어요.

그리고 프리미어리그 팀들은 덕분에 세계 최고의 선수들을 영입할 수 있는 재정을 확보할 수도 있어요. 실제 한 팀이 중계권료 수익으로 유럽 최고의 공격수를 영입하며 팀의 경기력이 크게 향상됐어요. 이러한 선수 이적은 리그의 경기 수준을 높이고 더 많은 팬을 경기장으로 끌어들이는 데 기여하죠. 또한 다른 리그와의 경쟁에서도 프리미어리그를 더욱 돋보이게 만드는 요소가 된답니다.

우리는 중계권료가 프리미어리그와 스포츠 미디어 환경을 어떻게 바꿔 축구의 마법을 만들어내는지 살펴봤어요. 중계권 계약은 축구 산업을 성장시키는 중요한 요소랍니다. 덕분에 축구팬들은 더 많은 즐거움과 감동을 누릴 수 있죠.

축구경기장 이름에 기업명이 붙은 이유는 무엇일까?

축구경기장을 생각하면 어떤 이미지가 떠오르나요? 푸른 잔디, 열광하는 팬들 그리고 그 위를 날아다니는 공이 떠오르겠죠? 하지만 요즘 축구경기장은 단순히 축구경기만 진행하는 경기장이 아니랍니다. 특별히 경기장의 이름이 아주 중요한 역할로 쓰이고 있거든요. 많은 기업이 경기장 이름에 자신의 회사 이름을 붙이려고 애쓰고 있답니다. 이렇게 경기장 이름에 기업 이름 또는 기업의 브랜드 이름을 붙일 수 있는 권리를 '네이밍 라이츠Naming Rights' 혹은 우리나라 말로 '명명권命名權'이라고 불러요. 그럼 기업들이 이 권리를 가지려는 이유가 뭘까요?

경기장 이름을 활용하는 마케팅

네이밍 라이츠는 기본적으로 기업이 돈을 내고 경기장에 자신의 회사 이름을 붙이는 마케팅 전략입니다. 이로써 사람들에게 브랜드 인지도를 높이고 팬들과의 유대감을 강화할 수 있기 때문이죠. 물론 단순히 경제적 이익만 위한 게 아니라 여기에는 다양한 사회적, 문화적 이야기들이 숨어 있어요. 그럼 축구경기장에 숨겨진 네이밍 라이츠 이야기를 알아보겠습니다.

유명한 경기장에 들어선 기업들

네이밍 라이츠의 대표적인 예로는 프리미어리그를 대표하고 북런던을 연고지로 삼는 아스널 FC의 홈구장 '에미레이트 스타디움Emirates Stadium'을 들 수 있어요. 아랍에미리트의 항공사인 '에미레이트 항공Emirates Fly이 경기장의 스폰서이기 때문에 이름이 이렇게 바뀌었답니다. 아스널 팬들 사이에서는 정들었던 옛 이름인 하이버리 스타디움을 기대했지만 어쩔 수 없었답니다. 에미레이트라는 이름이 처음에는 낯설었지만 이제는 익숙해졌어요. 에미레이트 항공이 경기장 이름을 사들이기 전 아스널은 새로운 경기장 건설을 위해 많은 자금이 필요했는데 에미레이트 항공의 후원 덕분에 지금의 멋진 경기장을 세울 수 있었죠. 그리고 에미레이트 항공은 이 계약 덕분에 전 세계 축구팬들에게 브랜드를 알릴 수 있었어요.

이번에는 독일 분데스리가로 가 볼게요. 독일에는 우리 김민재 선수가 활약하는 바이에른 뮌헨의 홈구장 '알리안츠 아레나Allianz Arena'가 있어요. 이 경기장은 독일의 보험사인 '알리안츠Allianz'의 이름을 따왔답니다. 알리안츠 아레나는 그 독특한 외관으로도 유명해요. 경기장이 LED 조명으로 붉은색, 파란색, 흰색 등 다양한 색으로 빛나며 바이에른 뮌헨 경기가 치러질 때는 붉은색으로 빛나죠. 알리안츠는 이 경기장으로 브랜드 이미지를 한층 더 높였습니다. 물론 바이에른 뮌헨 팬들 중에는 처음에 보험사 이름을 경기장에 붙이는 것에

보험사 이름이 붙은 바이에른 뮌헨의 홈구장, 알리안츠 아레나.

부정적인 반응을 보인 사람들도 있었지만 이제는 알리안츠 아레나라는 이름이 팀의 정체성을 드러내는 일부가 됐죠.

이제는 한국입니다. 한국의 프로축구리그 K리그1에는 유일한 네이밍 라이츠 구단이 있어요. 대구의 시민구단기업 구단이 아닌 시장이나 도지사가 구단주가 되는 시도민구단인 대구FC입니다. 대구은행과 네이밍 라이츠 계약을 맺고 연간 15억에 가까운 수익을 확보했어요. 시민구단으로는 큰돈이라 볼 수 있고 대구은행은 대구FC의 축구전용경기장 이름을 'DGB 대구은행파크'로 명명해 기업의 브랜드 가치와 인지도를 향상하고 있답니다.

네이밍 라이츠의 장단점

기업들이 많은 돈을 지불하면서 네이밍 라이츠 계약을 하는 이유는 분명합니다. 브랜드 인지도 향상, 고객 유치와 유지, 브랜드 이미지 제고, 사회적 책임 수행 등 여러 가지 긍정적인 효과가 있기 때문이죠. 하지만 네이밍 라이츠가 항상 좋은 것만은 아니에요. 때로는 전통적인 경기장의 이름이 기업의 이름으로 바뀌면서 팬들의 반발을 사기도 합니다. 팬들이 사랑하는 구단의 역사와 전통을 상징하는 이름이 기업의 영리 목적으로 사라졌다고 느낄 수 있기 때문이죠. 그러면 오히려 해당 기업의 브랜드 이미지에도 부정적인 영향을 끼칠 수 있어요.

물론 네이밍 라이츠는 스포츠 경기장의 경제적 이익을 증대하는 중요한 전략이기도 합니다. 하지만 이익만 생각할 것이 아니라 팬, 구단, 기업, 지역사회의 요구가 모두 균형을 이뤄야 해요. 팬들과의 소통을 강화하고 지역사회와 협력해 경기장의 상징성을 보존하면서도 경제적 이익을 창출할 수 있는 방법을 찾아야 합니다. 여러분도 주변의 경기장과 프로구단이 이런 점을 잘 지키고 있는지 관심을 갖고 스포츠에 참여해 보길 바랍니다.

직접 뛰거나 시청하지 않아도 스포츠를 즐길 수 있는 방법은 없을까?

스포츠는 단순한 놀이와 경기를 넘어 우리의 일상과 사회 전반에 깊숙이 자리 잡고 있습니다. 여러분에게는 스포츠가 신체를 건강하게 만들고 친구들과의 유대감을 형성하도록 돕는 중요한 역할을 하죠. 그러나 스포츠를 깊이 이해하고 더 재미있게 즐기기 위해서는 '스포츠 리터러시Sports Literacy'가 필요해요.

스포츠 리터러시는 스포츠와 관련된 다양한 정보를 읽고 이해하며, 이를 비판적으로 분석할 수 있는 능력을 의미합니다. 예를 들어 스포츠를 참여하는 방법에는 직접 선수가 돼 경기에 뛰거나 스포츠를 관람하는 것이 가장 일반적인 방법인데요. 더불어 스포츠 리터러시로도 더욱 다양하게 참여할 수 있어요. 스포츠에 관련된 영화를 보거나 스포츠 서적을 읽고 스포츠에 관련된 글짓기를 하는 거죠.

새롭게 스포츠를 즐기는 세 가지 방법

첫째, 스포츠의 규칙과 역사를 아는 것은 스포츠 리터러시의 첫걸음입니다. 간단한 이야기로 설명해 볼게요. "초등학교 5학년 하룬이는 어느 날 축구경기를 보며 왜 심판이 레드카드를 꺼내 들었는지 궁금했어요. 그래서 하룬이는 인터넷에서 축구경기 규칙을 검색해 보고 퇴장과 경고의 차이를 알게 됐어요. 덕분에 이제 하룬이는 친구들과 축구경기를 볼 때 모르는 친구들에게 규칙을 잘 설명해 줄 수 있게 됐답니다." 이처럼 스포츠의 규칙과 역사를 이해하면 경기 관람의 재미가 배로 늘어요. 다양한 스포츠의 기본을 알아 가는 건 스포츠 리터러시의 중요하고 재미있는 부분이랍니다.

둘째, 스포츠 뉴스와 방송, 스포츠 기사를 비판적으로 분석하고 이해하는 능력도 스포츠 리터러시에 포함돼요. 마찬가지로 이야기로 설명해 볼게요. "중학생 하랑이는 좋아하는 농구선수가 한 인터뷰에서 한 말을 뉴스에서 왜곡해서 보도한 것을 알게 됐어요. 그래서 하랑이는 여러 매체의 기사를 비교해 보고 직접 인터뷰 원문도 찾아봤습니다. 이로써 하랑이는 미디어가 어떻게 정보를 선별해서 전달하는지 중요한 사실을 깨달았어요." 스포츠 미디어의 정보를 스스로 해석할 수 있는 능력은 우리가 스포츠 뉴스를 볼 때 더 정확하고 깊이 이해할 수 있도록 도와줘요. 이 능력을 기르기 위해 조금씩 노력하다 보면 스포츠 정보뿐만 아니라 다른 모든 정보도 비판적으로 생각해서 판단할 수 있는 힘이 길러질 거예요.

셋째, 스포츠는 사회와 문화, 정치와 밀접한 관련이 있어요. "고등학생 강민이는 2012년 런던 올림픽 축구경기에서 박종우 선수가 동메달을 딴 후 "독도는 우리 땅"이라고 적힌 종이를 흔들며 세리머니를 펼친 게 문제가 됐다는 기사를 봤어요. 그는 왜 이런 정치적 메시지를 전달했는지 궁금증이 생겼습니다. 그래서 역사 수업 시간에 배운 내용을 떠올리고 찾아보며 스포츠가 정치적 사건과 어떻게 연결될 수 있는지 알게 됐답니다." 이렇게 스포츠와 연결해 사회적 맥락을 이해하는 것은 여러분으로 하여금 세상을 더 넓게 보는 시야를 갖게 해요. 글로벌 시대에 스포츠가 중요한 역할을 하고 있는 만큼이를 이해하는 건 매우 의미 있는 일이랍니다.

키울수록 놀랍고 재미있는 스포츠 리터러시

스포츠 리터러시는 스포츠를 그냥 시청하며 즐기는 것 이상으로 더 깊이 이해하며 즐길 수 있게 도와줘요. 스포츠의 규칙과 역사를 알고, 미디어의 정보를 스스로 판단해서 습득하고, 스포츠와 연결된 사회 현상을 이해할 때 우리는 세상을 더 넓게 볼 수 있는 눈을 가지게 됩니다. 그리고 이러한 능력들은 건강한 생활 습관을 형성하고 비판적 사고를 기르는 데도 큰 도움이 돼요.

몸뿐 아니라 머리로도 스포츠를 신나고 똑똑하게 즐길 수 있는 스포츠 리터러시.

지금까지 스포츠를 선수로 혹은 시청자로만 즐겼다면, 이제 스포츠 리터러시의 새로운 세 가지 방법으로 스포츠를 더 재미있고 유익하게 즐겨 보면 어떨까요?

스포츠 선수들은 어떻게
인종차별에 반대했을까?

스포츠사회학자들은 종종 "스포츠는 사회를 반영한다"라고 말합니
다. 이는 스포츠가 단순히 운동경기 이상의 의미가 있으며 사회의 여
러 문제를 그대로 담고 있다는 뜻이에요. 실제로 세계 곳곳에 만연한
인종차별 문제는 스포츠 세계에서도 찾아볼 수 있어요. 예를 들어
1968년 멕시코시티 올림픽에서 미국의 육상선수 토미 스미스와 존
카를로스가 시상대 위에서 검은 장갑을 낀 주먹을 치켜든 사건이 대
표적이에요. 그들의 행동은 인종차별에 대한 항의와 흑인 인권운동
을 지지하는 강력한 메시지를 전달했습니다. 이 사건은 스포츠에 담
긴 사회적 의미를 드러내죠.

오늘날에도 스포츠는 인종차별과의 싸움을 이어가고 있으며 이
문제는 여전히 중요한 사회적 쟁점으로 남아 있습니다. 이러한 문제

를 해결하기 위해서는 스포츠계와 미디어의 역할이 매우 중요합니다. 왜냐하면 스포츠의 힘과 미디어의 노력이 만나 긍정적인 사회적 변화를 이끌어낼 수 있기 때문이에요.

프리미어리그의 무릎꿇기 시위

2020년 미국에서 조지 플로이드George Floyd가 경찰의 과잉 진압으로 목숨을 잃은 사건이 발생했어요. 이 사건은 전 세계에 큰 충격을 추며 인종차별 반대 운동인 'Black Lives Matter흑인의 생명도 소중하다' 캠페인이 더욱 활발해졌답니다. 프리미어리그 선수들은 경기 시작 전 한쪽 무릎을 꿇으며 이 캠페인에 동참했어요. 이 무릎꿇기 시위로 선수들은 인종차별에 반대하는 강력한 메시지를 전달했고 팬들과 미디어는 이를 널리 알렸습니다. 프리미어리그 팬들은 경기 전 이 짧은 순간을 나누며 인종차별 문제에 대해 다시금 생각하게 됐습니다.

한편 프리미어리그는 Black Lives Matter 캠페인과 더불어 'No Room For Racism인종차별을 반대한다' 캠페인으로 인종차별 근절을 위한 강력한 메시지를 전달하고 있어요. 이 캠페인은 모든 경기장에서 인종차별을 용납하지 않겠다는 의지를 표명하며 선수들과 팬들이 함께 참여하는 다양한 활동을 포함하고 있어요. 경기장 내부와 외부에 No Room For Racism이라는 문구가 적힌 현수막과 광고판을 설치

경기 시작 전 무릎을 꿇고 인종차별을 반대하는 축구선수들.

했고 TV 화면 속 현황판 아래에도 이 문구가 늘 자리를 차지하고 있답니다. 이렇게 리그 전체가 하나가 돼 인종차별에 반대하는 목소리를 냈어요. 그리고 미디어들은 이 모습을 보도하며 함께 인종차별 반대의 중요성을 강조하며 많은 이에게 긍정적인 영향을 미치고 있습니다.

챔피언 레이서의 인종차별 반대 운동

세계 최고의 자동차경주대회인 F1의 챔피언 루이스 해밀턴 Lewis Ham-

244

ilton은 인종차별 반대 운동에 적극적으로 참여하는 선수 중 하나입니다. 해밀턴은 자신의 사회적 영향력을 활용해 인종차별 문제에 대한 인식을 높이고 변화를 촉구하고 있어요. 그는 경기장에서뿐만 아니라 자신의 소셜미디어에서도 지속해서 목소리를 높였습니다. 해밀턴은 자신이 속한 레이싱팀과 함께 'We Race As One 우리는 함께 나아간다' 캠페인을 진행하며 인종차별 없는 세상을 만들기 위해 노력하고 있어요. 이 캠페인은 대회 기간 전체에 걸쳐 다양한 활동을 진행하고 인종차별 문제에 경각심을 높이고 행동을 촉구하는 목표를 가지고 있답니다.

해밀턴은 또한 자신의 헬멧과 차량에 Black Lives Matter 구호를 붙이고, 경기 전에는 무릎을 꿇는 행동으로 인종차별 반대의 메시지를 전달했어요. 그의 이렇게 다양한 활동은 많은 미디어에서 보도되며 전 세계적으로 큰 반향을 일으켰습니다. 해밀턴의 용기 있는 행동은 많은 사람에게 영감을 줬고 스포츠가 사회적 변화를 이끌 수 있는 강력한 도구임을 보여 줬습니다.

스포츠 미디어의 역할

스포츠 미디어는 인종차별 문제를 보도하는 데 중요한 역할을 합니다. 사건을 정확하게 보도하고 여러 차별에 맞서 싸우는 선수들의 이야기를 조명함으로써 긍정적인 사회 변화를 이끌어낼 수 있기 때문이죠. 따라서 앞으로도 미디어는 인종차별에 맞서는 용기 있는 스포츠 영웅들에 관한 이야기를 많이 만들며 계속 전달해야 해요. 그럴 때 팬들과 시청자들 또한 인종차별 문제에 더 깊이 이해하고 공감할 거예요.

5장

스포츠 속 숨겨진
놀라운 과학이론과 기술

손흥민 선수는 왜 항상
오른발로 경기장에 입장할까?

스포츠가 주는 즐거움 중 하나는 스타들의 화려하고 멋진 플레이를 보는 것입니다. 우리의 축구스타 손흥민 선수는 멋진 드리블, 번개 같은 스피드, 아름다운 곡선을 그리는 감아차기 슛 같은 플레이로 경기를 흥미롭게 만들며 팬들에게 잊지 못할 순간들을 선사하죠. 이런 멋진 플레이를 보면서 팬들은 스포츠의 매력을 더욱 깊이 느끼고 때로는 자신도 그들처럼 되고 싶다는 꿈을 꾸기도 해요. 이것이 바로 스포츠의 아름다움을 흠모하는 팬들의 반응이랍니다.

스타선수는 플레이만큼이나 운동장에서 보이는 모든 행동이 주목을 받습니다. 그중에서도 흥미로운 것은 경기 시작 전 늘 똑같이 반복하는 행동이에요. 선수들은 자신만의 독특한 습관을 경기장에서 드러내는데, 이는 자신만의 신체 리듬과 심리적 안정을 찾는 것과 연

관이 있어요. 이러한 행동을 스포츠 심리학에서는 '루틴routine'이라고
합니다.

　루틴이란 일종의 습관으로 선수들이 경기에 앞서 혹은 경기 중에
안정감과 자신감, 몰입감을 얻기 위해 반복적으로 수행하는 행동들
을 뜻하는데요. 이러한 루틴은 선수들에게 일관성을 제공하고 경기
장에서 최상의 경기력을 발휘할 수 있도록 도와요.

손흥민 선수의 입장 루틴

손흥민 선수는 많은 축구팬의 열광을 불러일으키는 선수 중 한 명입
니다. 그의 뛰어난 경기력과 기술은 많은 이의 찬사를 받지만, 그의
성공 뒤에는 심리적 루틴이 큰 역할을 하고 있어요. 손흥민 선수의
여러 이야기 중 흔히 표현하는 손흥민존페널티박스 모서리에서 아크까지에서
수천 개의 슛을 연습했다는 이야기가 있죠. 손흥민 선수가 말하길
"연습하다 보면 어느 날은 잘되고, 어느 날은 잘 안되서 답답한 날이
많았다"라고 했어요. 그러던 중 잘될 때의 감각을 기억하며 마음을
가다듬고 계속 연습해 자신만의 루틴을 만들어 갔다고 합니다.

　특히 손흥민 선수만의 독특하지만 복잡한 루틴이 있습니다. 축구
경기장 안에 들어갈 때는 사이드라인을 넘게 되는데요. 손흥민 선수
는 이 사이드라인을 넘을 때 독특한 루틴을 보여 줘요. 사이드라인을

넘을 때 반드시 왼발이 아닌 오른발로 두 번 스텝을 밟으며 넘습니다. 마치 깽깽이 놀이를 하듯이요.

손흥민 선수의 루틴은 여기서 멈추지 않습니다. 경기 시작 전 자신의 포지션으로 이동하거나 동료 선수들과 어깨동무하는 공간으로 갈 때도 그만의 독특한 행동이 있어요. 이 행동은 토트넘이나 국가대표팀에서도 눈이 오나 비가 오나 변함없이 똑같이 행하는 자기암시 같은 루틴이에요. 바로 힘껏 공중으로 점프한 후 왼쪽으로 잔걸음, 오른쪽으로 잔걸음, 다시 왼쪽으로 잔걸음을 치는 거예요. 그리고 경기 시작 휘슬이 울리기 직전 두 손을 모으고 기도하는 것으로 그의 루틴은 마무리됩니다.

테니스 황제의 복잡한 루틴

스페인 출신의 테니스 황제 라파엘 나달Rafael Nadal 선수도 손흥민 선수처럼 자신만의 루틴을 가지며 안정을 찾습니다. 나달의 루틴은 가장 복잡한 루틴으로 알려져 있어요. 어떤 이는 미신적이라고 비아냥거리기도 하지만 나달은 "경기에 집중하기 위해 할 것들을 미리 정해 놓고, 그것을 행하며 집중한다"라고 밝혔어요. 특히 그의 유명한 물병 루틴은 테니스팬이라면 모두가 알죠. 이는 물병을 특정한 방식으로 정렬하는 행위인데, 하루는 경기 중 바람이 불어 나달의 물병이

나달의 유명한 물병 루틴. © Essentially Sports.

넘어지자 심판이 경기를 잠시 중단했고 눈치가 빠른 볼키즈가 그의 물병을 세워 줄 정도로 나달의 루틴은 유명하고 존중받습니다.

그는 또 경기 시작 45분 전 차가운 물로 샤워하고, 양말은 늘 똑같은 높이로 맞추며, 테니스코트 입장 시 한 손에 라켓 하나와 다른 손에는 라켓 5개가 든 가방을 챙겨 입장해요. 그리고는 좌석 앞에 물병을 정성스럽게 줄 세우는데 에너지음료를 앞쪽에, 물은 비스듬히 15도 정도 뒤쪽에 놓으며 물병의 상표는 자신을 향하게 합니다. 음료를 마실 때는 에너지음료를 먼저 마셔요. 심판의 동전 던지기 시 점프하며 몸을 지속해서 풀고, 경기 중 외에는 코트의 선을 밟지 않도록 조심하고, 오른발부터 선을 넘어 나갑니다. 서브게임이 끝나면 늘 타월로 몸을 닦고, 양쪽 볼키즈에게 타월 2개를 던져 줍니다. 이때 새 타월을 다 돌려받기까지 벤치에 들어가지 않으며, 서브 전에는 바지와 옷을 잡아당기고 코를 만지고 머리를 넘기며, 코트 교대 시 상대보다 먼저 들어가지 않으려 노력한답니다.

정말 복잡하죠? 이런 수많은 행위는 스포츠 과학으로도 이해하기 어려워요. 그러나 나달의 이러한 루틴은 그가 경기 중 최상의 집중력을 유지하고 심리적 불안을 줄이는 데 큰 도움이 되는 건 분명합니다.

루틴이 주는 커다란 유익

루틴을 스포츠 과학으로 이해하려면 먼저 심리적 안정과 신체적 준비에 대해 생각해 봐야 합니다. 특정한 행동을 반복하는 루틴은 선수에게 심리적 안정감을 주고 경기 중 긴장이나 불안을 줄이는 데 도움이 된답니다. 그리고 신체를 준비시키는 데도 유용해요. 경기 시작 전에 일정한 준비 과정을 거치면 근육이 최상의 상태가 돼 부상의 위험을 줄일 수 있거든요. 또 루틴은 집중력 강화와 일관성 유지에 효과가 있어요. 특정 행동을 반복하면 경기에 더 잘 집중할 수 있습니다. 이는 주위의 방해 요소들을 차단하기 때문이죠. 그래서 중요한 순간에 최상의 판단과 반응을 하도록 도와줘요. 또한 경기 전후 행동을 일관되게 만듭니다. 일관된 행동은 예상치 못한 상황에서도 일정하게 경기력을 유지시켜요.

이러한 방식으로 루틴은 선수의 자신감을 높이고 어려운 상황에서도 긍정적인 마음을 갖도록 도와줍니다. 이는 최상의 실력을 발휘하는 데 매우 중요하죠. 선수들의 루틴을 우리의 일상생활에도 적용할 수 있어요. 학교에서 공부할 때나 회사에서 업무를 수행할 때 등 다양한 공간과 상황에서 활용하면 큰 도움이 된답니다. 여러분도 선수들처럼 자신만의 루틴을 만들어 보면 어떨까요?

대체 어떻게 훈련했길래 월드컵 4강 신화를 만들 수 있었을까?

한국 스포츠 역사에서 가장 빛나는 순간인 2002년 한일 월드컵의 4강 신화는 붉은악마의 거리응원, 모든 선수의 투혼 그리고 히딩크 감독이 보여 준 놀라운 리더십 덕분에 가능했습니다. 특히 이 역사적인 성과 뒤에는 히딩크 감독의 혁신적인 체력훈련 방법이 큰 역할을 했어요. 과연 어떤 훈련이었는지 같이 알아봐요.

기술보다는 체력과 정신력

히딩크 감독이 처음 한국 국가대표팀을 맡았을 때 많은 국내 축구

전문가들은 한국 선수들이 체력과 정신력에서는 뛰어나지만 기술 면에서는 유럽 선수들에 비해 부족하다고 평가했어요. 그러나 히딩 크의 생각은 달랐습니다. 그는 한국 선수들이 기술은 우수하지만 체력과 정신력에 문제가 있다고 판단했어요. 그래서 이를 개선하기 위해 히딩크는 흔히 '공포의 삑삑이'라고 불렸던 셔틀런shuttle run, 왕복오래달리기 훈련을 도입했고 평가전 전날에도 셔틀런 훈련을 멈추질 않았어요. 당시 멤버였던 이을용 선수는 "셔틀런 훈련 전날에는 잠이 안올 정도로 힘든 훈련이었어요"라고 고백할 정도였어요.

그러나 평가전에서 계속 패배를 하니 전문가들은 고된 체력훈련이 문제라며 비아냥거렸지만 히딩크는 뚝심 있게 훈련을 이어가며 "나는 내 길을 간다"라고 늘 대답할 뿐이었어요. 그리고 결국 월드컵 본선에서 이 훈련은 큰 빛을 보게 됐죠.

공포의 체력훈련

셔틀런 훈련은 선수들에게 공포의 훈련으로 알려졌습니다. 이 훈련은 히딩크의 저승사자라는 별명을 가진 피지컬 코치 레이몬드 베르하이엔Raymond Verheijen이 주도했어요. 이 훈련은 20m 거리를 왕복해서 달리는 방식으로 주어진 시간 내에 최대한 많은 거리를 달리는 것을 목표로 합니다. 휘슬이 울리면 방향을 바꿔 다시 달려야 하는

체력 강화를 위해 셔틀런 훈련 중인 학생 선수들. © Army PRT.

이 훈련은 선수들에게 큰 체력적 도전과 어려움을 던져 줬죠.

　셔틀런 훈련은 축구경기처럼 끊임없이 움직이다가 공이 없을 때는 빨리 회복해야 하는 'Stop & Go스톱앤고'와 같은 스포츠에서 매우 중요한 훈련이죠. 이 훈련으로 히딩크는 선수들의 민첩성, 속도, 근력, 심폐지구력을 종합적으로 강화하고자 했어요. 동시에 정신력 강화에도 큰 도움을 줘요. 반복적이고 도전적인 셔틀런 훈련은 선수들에게 도전정신을 심어 주고 성취감을 느끼게 해 줍니다. 또한 심박수와 호흡률을 최대치로 끌어올려 체력의 한계를 시험하며 선수들이 자신의 한계를 뛰어넘을 수 있는 경험을 하도록 만드는 것이죠. 이러한 체력과 정신력 강화 훈련은 2002년 한일 월드컵에서 한국 국가대표팀이 4강에 오르는 데 큰 기여를 했어요. 이 훈련에서 가장 큰 성과를 낸 선수가 바로 박지성, 차두리, 이영표로 알려져 있고 이 선수들은 유럽에 나가서도 성공적인 선수 생활을 이어갔답니다.

새로운 훈련 트렌드

현대 스포츠에서는 과학적 접근과 데이터 중심의 개별화된 훈련법을 더 중시합니다. 각 선수의 체력 상태와 특성에 맞춘 맞춤형 훈련이 강조되고, 데이터 기반의 분석 결과가 훈련에 통합되고 있어요. 최신 스포츠 과학기술을 활용해 훈련의 효율성을 극대화하고 휴식의 중요성도 강조해요.

최근에는 셔틀런 훈련과 비슷하지만 더 효율적인 고강도 인터벌 트레이닝interval training, 지구력과 속력을 키우기 위해 빠르게 달리는 구간과 천천히 달리는 구간을 정해 되풀이하는 훈련이 선호되고 있어요. 이는 단시간에 높은 강도의 운동을 반복하는 방식으로 체지방 감소와 심폐기능 강화에 매우 효과적이에요. 그리고 기술훈련과 체력훈련을 결합한 복합 훈련이 많이 이뤄집니다. 예를 들어 공을 다루는 기술을 연습하면서도 빠른 스프린트나 갑작스러운 방향 전환을 요구해 체력도 함께 기르는 거죠.

따라서 셔틀런 훈련과 같은 전통적인 훈련법과 최신의 과학적 훈련을 모두 균형 있게 활용하는 것이 현명합니다. 과거의 성공 경험을 바탕으로 현대의 훈련법을 적극 도입하는 전통과 혁신의 조화를 이려 선수들이 최고의 경기력을 발휘할 수 있도록 지원해야 합니다.

Q3. 비디오 판독은 정말 틀리지 않을까?

스포츠에서 심판이 공정한 판단을 내리는 것은 경기의 공정성을 위해 무엇보다 중요한 요소예요. 그래서 스포츠 팬들은 늘 오심을 저지르는 심판에게 삐딱한 시선을 보이죠. 석연치 않은 판정부터 승패를 좌우하는 오심까지 심판이 만든 논란은 늘 있어 왔어요. 그리고 이런 논란에 늘 이렇게 대처했답니다. "심판도 인간이므로 어쩔 수 없고, 그 판정 역시 경기 중 일부"라고요. 그 결과 오심 사건은 스포츠 역사의 한 페이지에 늘 논쟁거리고 남아 있습니다.

이러한 인식과 인간의 한계를 극복하기 위해 여러 스포츠 종목에서 비디오 판독을 도입하고 있습니다. 비디오 판독은 스포츠에서 오심을 줄이고 공정한 경기를 위해 도입된 기술이에요. 그러나 과연 비디오 판독이 매의 눈처럼 모든 것을 정확하게 판단할 수 있을까요?

비디오 판독의 시작

비디오 판독은 영국의 국기 스포츠로 알려진 크리켓cricket, 11명씩의 두 팀이 교대로 공격과 수비를 하면서 공을 배트로 쳐서 득점을 겨루는 경기에 처음으로 도입됐어요. 크리켓경기에서는 심판의 눈으로만 판단하기 어려운 상황이 많았고, 이를 보완하기 위해 1992년에 비디오 판독을 도입했어요. 국내 프로스포츠에서는 배구경기에 처음으로 2007-2008시즌부터 비디오 판독을 채택했어요. 그래서 실제 오심을 줄이고 더 정확한 결정을 내리는 데 도움을 줬답니다.

오늘날 비디오 판독은 축구, 테니스, 농구 등 다양한 스포츠에서

테니스경기장에 설치된 호크아이. © TENNIS MAJORS.

사용되고 있습니다. 축구에서는 공이 골라인을 넘었는지 골로 인정하는 게 정당한지 등을 판단하는 데 사용되며, 테니스에서는 인과 아웃 여부를 결정하는 데 사용돼요. 축구와 테니스에 사용하는 비디오 판독기를 모두 호크아이Hawk-eye, 즉 매의 눈이라 부른답니다. 매의 눈으로 경기를 관찰하고 정확한 판단을 내리겠다는 뜻이죠. 이러한 기술은 경기의 공정성을 높이고 관중들에게 더 나은 경험을 제공하기 위해 계속 발전하고 있어요.

비디오 판독의 장단점

비디오 판독의 가장 큰 장점은 중요한 순간에 오심을 바로잡을 수 있다는 거예요. 예를 들어 야구경기에서는 심판의 판단이 결과에 큰 영향을 미칠 수 있습니다. 스트라이크인지 볼인지, 아웃인지 태그인지 등등 너무 어렵지만 중요한 상황에 비디오 판독은 정확한 판단을 도와줍니다. 그리고 비디오 판독은 선수들에게도 더 공정한 기회를 제공해요. 모든 선수가 똑같은 기준으로 판정을 받기 때문에 심판에 대한 신뢰도가 높아집니다.

　그러나 비디오 판독에도 단점이 있어요. 판독 과정에서 시간이 오래 걸리면 경기의 흐름이 끊기고 관중들의 집중력이 떨어질 수 있습니다. 비디오 판독 오심의 대표적인 이야기를 소개할게요.

지난 2023년 10월 1일 영국 프리미어리그 7라운드에 펼쳐진 토트넘과 리버풀의 경기에서는 비디오 판독 과정에서 오심이 발생해 큰 논란이 됐어요. 비디오 판독 화면에서는 온사이드로 확인된 리버풀의 루이스 디아즈가 넣은 골이 오프사이드로 판정된 거예요. 이 오심은 비디오실 심판과 경기장에 있는 주심 간의 의사소통 오류로 발생했어요. 비디오실 심판은 주심에게 "확인이 끝났다! 완벽하다"라고 했어요. 즉 완벽한 골이라고 말한 것인데, 주심은 "너의 오프사이드 판정이 완벽해"라고 이해하며 원심이 맞다고 알아들은 것이죠. 비디오실 심판이 곧바로 오류를 발견하고 주심에게 알렸지만 이미 경기는 재개돼 돌이킬 수 없는 상황이 돼 버렸어요. 결국 판정은 끝까지 번복되지 않았답니다. 경기 이후 리버풀의 클롭 감독은 오심을 들어 재경기를 요청했어요. 비록 재경기가 이뤄지지는 않았지만 그는 비디오 판독 후에도 정확성이 담보되지 않는 상황에서 공정성을 위한 또 다른 제도의 필요성을 강조했어요.

이 사건 이후 영국 프로경기심판기구PGMOL는 실수를 인정하고 사과했어요. 그리고 해당 심판진은 이후 경기에 배정되지 않았죠. 이 오심은 리버풀 팬들의 분노를 일으켰고 경기 결과에 영향을 미친 만큼 적절한 조치를 취해야 한다고 항의했답니다. 이 사건은 비디오 판독의 신뢰성에 우려를 다시 불러일으켰어요. 이를 계기로 프로경기심판기구는 비디오 판독 교육을 강화하고 개선 방안을 마련하기 위해 노력하고 있어요. 그리고 주심 판정의 투명성을 높이기 위해 비디오 판독 과정을 공개하는 방안도 논의되고 있답니다.

비디오 판독의 미래

비디오 판독은 계속해서 발전하고 있어요. 유럽축구연맹은 유로EURO, 유럽축구선수권대회 2024에서 핸드볼 탐지 기술을 탑재한 공을 도입했어요. 이 기술은 축구공에 내장된 관성 감지 센서와 경기장 지붕에 설치된 카메라로 공이 선수를 떠난 시점과 그 시점의 선수들 위치를 최소한의 오차로 판별할 수 있어요. 덕분에 핸드볼 판정의 정확성을 높여 논란을 줄이는 효과를 봤어요.

그리고 우리나라 프로야구리그는 2024년부터 자동투구판정시스템ABS, Automatic Ball-Strike System을 선보이고 있어요. 자동투구판정시스템은 추적 기술이 야구공의 궤적을 추적해 컴퓨터가 스트라이크와 볼을 판정하고 심판이 무선 이어폰으로 이를 받아 외칩니다. 내야 1루와 3루, 외야 중앙 전광판에 그리고 모니터용으로 총 4대가 사용됩니다.

그러나 여전히 해결해야 할 과제도 많이 남아 있어요. 기술의 신뢰성과 경기 흐름과의 조화 등 다양한 측면에서 고민이 필요합니다. 비디오 판독이 정교해지며 스포츠의 공정성과 투명성은 더욱 강화될 것입니다. 하지만 기술이 인간의 판단을 완전히 대체할 수는 없으며, 우리는 이러한 기술의 한계를 인정하고 계속 발전시켜 나가야 하는 것이죠. 비디오 판독의 도움을 얻더라도 결국 해석하는 일은 인간이 하는 것이기에 앞서 살펴보았듯 주심과 비디오실 심판 간의 부족한 소통의 문제도 해결해야 하겠습니다.

비디오 판독의 목적은 스포츠의 공정성과 진실성을 더욱 향상시키는 거예요. 비디오 판독이 인간을 완전히 대체하는 매의 눈이 될 수는 없겠지만 스포츠 과학의 발전과 함께 우리는 더 나은 스포츠 환경을 만들어 나갈 수 있을 것입니다.

Q4. 심박수만 확인해도 경기에서 누가 이기는지 알 수 있다고?

2020년 도쿄 올림픽에서 열린 양궁경기에서는 스포츠 과학의 진보와 인간의 정신력을 동시에 조명하는 무대가 됐습니다. 특히 실시간으로 궁사의 심박수를 보여 주는 '심박수 중계'는 경기의 긴장감을 배로 높이며 시청자들에게 색다른 재밋거리를 제공했죠. 이러한 기술은 선수의 심리적, 신체적 상태를 실시간으로 분석하고 경기력 향상에 기여할 수 있는 다양한 방법을 제시합니다.

메달의 색깔이 뒤바뀔 수 있는 단 한 발을 남겨 두고도 요동치 않는 심박수로 정신력의 힘을 보여 준 대한민국 양궁 국가대표팀 선수들의 이야기를 들려 줄게요.

평정심의 화신, 김우진 선수

2020년 도쿄 올림픽 남자 양궁 개인전에 진출한 김우진 선수는 심박수로 큰 화제를 모았습니다. 김우진 선수는 64강전 헝가리의 머처시 러슬로 벌로그흐 선수와의 경기에서 승리했는데요. 당시 김우진 선수의 심박수는 평균 84bpm으로 첫 발은 86bpm, 마지막 발은 73bpm을 기록했습니다. 이는 올림픽 같은 큰 무대에서도 그의 평정심과 강한 정신력을 잘 보여 주는 사례입니다.

성인 남성 심박수의 정상 범위는 60~100bpm로 알려져 있는데, 김우진 선수의 심박수는 경기 중에도 거의 변화가 없었어요. 반면 그의 상대였던 벌로그흐의 심박수는 168bpm으로 김우진 선수의 심박수보다 2배 이상 높았고, 이는 전력으로 100m를 달리면 나올 만한 심박수로 이해하면 돼요. 당시 해설위원이 "이 정도면 잠자는 수준 아니냐"고 놀랄 정도로 그의 심박수는 안정적이었습니다.

강한 정신력의 소유자, 안산 선수

여자 양궁 개인전에서도 비슷한 사례를 볼 수 있었어요. 한국의 안산 선수는 러시아의 옐레나 오시포바 선수와의 결승전에서 슛오프성적이 동점이 선수끼리 우승자를 가리기 위해 추가로 활을 쏘는 것까지 가는 접전 끝에 금메달을 차지했습니다. 슛오프 당시 안산 선수의 심박수는 119bpm이었으며, 상대 선수의 심박수는 168bpm까지 치솟았어요. 경기 중 심리적 압박을 극복하고 평정심을 유지한 덕분에 안산 선수는 금메달을 목에 걸 수 있었던 거죠. 단지 기술력뿐만 아니라 정신력에서도 높은 평가를 받은 그녀는 경기 중 "쫄지 말고 대충 쏴"라고 중얼거리며 마음을 편안하게 했다고 합니다. 이는 강한 정신력을 가진 선수들의 공통된 특징으로 긴장감을 효과적으로 관리할 수 있는 능력을 보여 줘요.

모든 변수를 대비하다

세계 최강이라 불리는 대한민국의 양궁 국가대표팀이 뛰어난 성과를 낼 수 있었던 이유는 선수들의 재능뿐만 아니라 체계적이고 과학적인 훈련법 덕분이기도 합니다. 그들은 궂은 날씨에도 경기를 강행하는 올림픽의 특성에 맞춰 비와 바람 속에서도 훈련을 진행했어요. 선수들은 그 날의 바람 세기와 방향을 파악해 적절하게 빗겨 쏴 10점을 맞출 수 있도록 하루 400발씩 쏘는 훈련을 밥 먹듯이 했다고 합니다. 특히 겨울철에는 실내에서 훈련을 진행하지만, 과녁은 실외에 둔 상태에서 창문을 살짝만 열어 창틈 사이로 화살을 쏘는 훈련

2021년 도쿄 올림픽 결승전에서도 흔들리지 않는 안산 선수의 심박수. © Bow International.

을 해요. 이러한 훈련은 선수들이 어떤 환경에서도 안정적인 경기력을 유지할 수 있도록 도와줘요.

특히 우리나라 대표팀은 실제 치러질 경기장 환경을 조성해 훈련한 것으로 유명한데요. 도쿄 올림픽을 준비하며 경기가 열릴 유메노시마공원 양궁장과 동일한 환경을 만들고, 조명과 소음 등 다양한 요소를 실제와 유사하게 조성해 선수들이 미리 적응할 수 있도록 했습니다. 그리고 베이징 올림픽을 준비하면서는 응원으로 시끄러운 프로야구장을 찾아 경기 당일의 소음에 대비한 훈련을 하기도 했어요. 이렇게 예상 가능한 모든 조건을 미리 경험하며 대비한 것이죠. 이와 같은 철저한 훈련법이 한국 양궁 국가대표팀의 뛰어난 성과를 뒷받침하고 있습니다.

극한에서 평정심을 유지할 수 있었던 비법

한국 양궁선수들이 올림픽의 긴장되는 순간에서도 높은 경기력과 심박수를 안정적으로 유지할 수 있었던 비결 중 하나는 체계적인 심리훈련이었습니다. 선수들은 다양하게 심리훈련을 하며 정신력을 강화하고 경기 중 긴장을 효과적으로 관리하도록 했죠. 심리훈련법의 주요 요소는 다음과 같아요.

선수들은 자기최면, 이미지트레이닝 등의 심리 기술을 연습해 경기 중 높은 집중력을 유지해요. 이 기술들은 경기 상황에서 자신감을 높이고 불안감을 줄이는 데 도움을 줍니다. 바이오피드백 훈련이라는 것도 있어요. 이 훈련은 몸에 부착하는 장비를 사용해 자신의 생리 상태를 실시간으로 확인하며 조절하는 훈련이에요. 이는 심박수, 호흡량, 근육 긴장도를 스스로 조절해 심리적 안정감을 유지하는 데 효과적입니다.

전문 스포츠 심리학자와 상담도 해요. 대화를 나누며 개인적인 고민을 해결하고 긍정적인 마음가짐을 유지하는 법을 배우죠. 그리고 실제 경기와 유사한 상황을 조성해 그로부터 오는 여러 심리 문제를 극복하는 훈련을 받습니다. 이는 선수들이 현장에서 발생하는 다양한 상황에 대처하는 능력을 키우는 데 도움을 줍니다.

나도 심박수를 체크해 볼까?

중요한 순간에 긴장하거나 몰입이 깨져서 일을 망쳤던 경험을 해 본 적이 있나요? 양궁선수들의 놀라운 정신력은 마음 근육이 약한 사람에게 큰 도전이 됩니다. 그들은 끊임없는 기술훈련과 심리훈련으로 어떤 상황에서도 흔들리지 않는 집중력을 유지합니다. 이러한 정신력을 우리도 닮으려면 일상 속에서 작은 목표를 세우고 달성하기 위해 꾸준히 연습하며 자신을 믿는 법을 익혀야 해요.

그리고 우리도 심박수를 체크해 보면 어떨까요? 심박수는 단순한 건강지표를 넘어서 우리의 정신 상태를 반영하는 중요한 신호이기도 하니까요. 긴장이 되는 상황이나 몰입이 필요한 순간에 자신의 심박수를 확인하며 마음을 가다듬어 보세요.

Q5. 방금 교체 출전한 축구선수가 힘들어하는 이유는 무엇일까?

여러분도 한 번쯤 운동을 시작한 지 얼마 안 됐는데 갑작스럽게 체력이 바닥나고 숨이 턱턱 막히는 경험을 해 본 적이 있나요? 예를 들어 학교 운동회에서 오래달리기를 할 때나 자전거를 타고 언덕을 오를 때처럼요. 처음에는 에너지 넘치게 힘차게 출발하지만 어느 순간 갑자기 다리가 무거워지고 심장은 마구 뛰며 '더 이상 못 하겠어!'라는 생각이 들곤 합니다. 그런데 신기하게도 그 순간을 조금만 견뎌내면 다시 숨이 쉬어지고 힘이 나는 경험을 해 본 적이 있을 겁니다. 왜 우리 신체는 극심한 피로를 느끼다가도 갑자기 다시 활력을 되찾게 되는 걸까요?

이렇게 신비한 경험의 비밀을 풀어 보려고 합니다. 마라톤선수들이 중간에 지쳐서 포기할 것 같다가도 끝내 결승선을 통과할 수 있는 이유, 자전거 여행 중 힘들어서 쉬다가 다시 페달을 밟으면 오히려 더 멀리 갈 수 있는 이유를 과학적으로 설명해 보겠습니다. 이제 이 두 가지 신비한 현상이 어떤 원리로 발생하는지 그리고 이를 어떻게 극복하고 활용할 수 있는지 알아보겠습니다.

시간이 필요한 데드포인트

등산을 하거나 축구경기에 들어가면 호흡이 트이기 전까지는 정말 힘든 것을 느낄 수 있어요. 등산의 경우 처음 10분 정도 오르막을 오

등산을 시작하고 얼마 가지 않아 힘들어하는 한 등산객.

르는 것은 정말 힘듭니다. 다리는 무겁고 숨은 가빠서 '이렇게 힘든데 정상까지 어떻게 가지?'라는 생각이 들곤 하죠. 마치 심장이 튀어나올 것 같고 다리 근육은 화끈거리기 시작해요. 이 현상이 바로 '데드포인트 dead point'입니다.

데드포인트란 운동을 시작할 때 극심한 피로감과 호흡곤란을 느끼는 순간입니다. 이는 심장이 급격히 박동하면서 근육에 충분한 산소를 공급하지 못해 발생해요. 그리고 근육에서 에너지를 만들기 위해 젖산이 생성되는데, 이 젖산이 축적되면서 근육통과 피로감을 유발하는 것이죠.

축구경기 중 교체 선수로 들어간 선수들은 경기의 리듬을 읽지 못해 어려움을 많이 겪기도 하고 호흡이 제대로 트이지 않아 오히려 교체 선수가 더 체력적인 어려움을 보이기도 한답니다. 교체된 지 5분도 안 돼 숨이 가쁜 선수를 보면 관중석에서는 '왜 저렇게 지친 모습이지?'라고 의아해할 수 있어요. 그런데 이런 선수는 데드포인트를 겪고 있다고 볼 수 있어요. 교체 선수는 경기 출전 전에 열심히 준비운동을 했더라도 경기의 긴장감과 리듬에 적응하는 시간이 필요합니다. 갑작스러운 운동 강도 변화 때문에 심장박동수가 급격히 증가하고, 근육이 충분한 산소를 공급받지 못해 피로감과 호흡곤란을 겪게 되는 거죠. 이는 교체 선수들이 초반에 어려움을 겪는 이유랍니다.

탄력이 붙는 세컨드윈드

등산을 막 시작하고 처음 죽을 것 같던 10분에서 20분가량의 데드 포인트가 지나고 나면 정말 신기하게도 점점 호흡이 편안해지고 몸이 가벼워지는 것을 느낄 수 있어요. 그러면 비로소 친구들과 이야기하고 장난도 치며 걸을 여유도 생기고 주변의 아름다운 경치를 감상할 여유도 생기죠. 이때가 바로 '세컨드윈드second wind'가 찾아온 순간입니다.

세컨드윈드란 데드포인트를 극복한 후 찾아오는 에너지에 활력이 붙는 시점이랍니다. 신체가 운동에 적응하면서 산소 공급이 안정화되고, 젖산 축적이 줄어들면서 발생합니다. 덕분에 우리는 운동을 더 오랫동안 더 편안하게 지속할 수 있게 되죠. 축구경기에서 교체 선수도 데드포인트를 극복하고 나면 갑자기 활기를 되찾게 되는데 이것이 바로 세컨드윈드의 힘입니다.

데드포인트를 잘 극복하기 위해서는 천천히 운동을 시작하고 점차적으로 속도와 강도를 높이는 것이 중요해요. 규칙적으로 호흡하고 충분히 수분을 섭취하는 것도 큰 도움이 됩니다. 그리고 평소의 꾸준한 운동과 건강한 식단, 충분한 수면은 세컨드윈드를 유지하는 데 필수적이라 볼 수 있어요.

인생에도 찾아오는 데드포인트와 세컨드윈드

운동 중에 겪는 극심한 피로와 다시 찾아오는 활력은 우리 인생의 축소판과도 같아요. 누구나 삶에서 크고 작은 도전과 어려움을 만나고 한계에 부딪히며 그만두고 싶은 순간이 찾아오죠. 하지만 그 순간을 견뎌 내고 나면 다시금 힘이 솟아나고 새로운 활력을 얻을 수 있습니다.

그래서 중요한 것은 포기하지 않고 꾸준히 나아가는 거예요. 어려움을 극복하고 나면 반드시 새로운 힘과 활력이 찾아와요. 그러니 어떤 어려움에 닥쳐도 포기하지 말고 꾸준히 노력하며 데드포인트를 이겨 내서 새로운 인생의 에너지를 얻는 세컨드윈드를 누리길 바랍니다.

Q6.

최근 가장 인기 있는
스포츠 과학기술은 무엇일까?

스포츠 세계에서 선수와 팀은 더 나은 성과를 내기 위해 여러 가지 방법을 시도하고 있는데요. 최근 주목받는 기술 중 하나가 바로 스포츠 웨어러블Sports Wearable 기술입니다. 이것은 실시간으로 신체 데이터를 제공해 주는 장비를 말해요. 이걸로 선수들의 운동능력뿐만 아니라 심리적 스트레스까지 이해할 수 있게 됐어요.

실제 프로축구선수의 사용 후기

프로스포츠 현장에서는 이미 웨어러블 기술이 많이 활용되고 있어요. 리그K1의 FC서울에서 활약하는 백상훈 선수는 스포츠 웨어러블 장비를 써 보고 이렇게 설명했어요. "처음 웨어러블 장비를 사용했을 때는 심박수나 뛴 거리 같은 기본적인 정보만 얻을 수 있었어요. 하지만 요즘 장비는 상대 선수와의 충돌 강도와 피로도, 경기 방식을 측정해 주고 180도 회전 촬영까지 가능합니다"라고요. 현직 선수의 실제 이야기로 웨어러블 기술이 현장에서 얼마나 유용하게 사용되고 있는지 알 수 있답니다.

웨어러블 기술의 5가지 주요 기능

처음에 스포츠 과학은 주로 생체역학, 영양학, 운동생리학 같이 신체 연구에 집중했어요. 하지만 시간이 지나면서 심리적, 사회문화적 요소도 고려하게 됐죠. 이와 함께 웨어러블 기술이 발전하며 선수들에게는 객관적인 데이터를 제공하고 일반인들에게는 건강한 생활을 향상시키는 데 큰 역할을 하게 됐답니다. 그러면 오늘날 웨어러블 기술의 주요 기능은 뭘까요?

첫째, 물리적 성능의 지표가 됩니다. 속도, 가속도, 이동거리 등을 추적해서 데이터로 저장할 수 있어요. 축구나 럭비 같은 접촉 스포츠에서는 충격력까지 측정할 수 있는 수준이랍니다.

둘째, 생리학적 데이터 수집입니다. 선수의 심박수, 체온, 수분 공

스포츠 웨어러블 장비를 착용하고 뛰고 있는 마라톤선수.

급 수준 등을 실시간으로 감지해서 최상의 성과를 낼 수 있도록 도
와줘요. 선수의 생리학적 데이터를 수집해 최고의 컨디션을 유지할
수 있게 된 거죠.

셋째, 움직임과 생체역학적 분석입니다. 관절과 근육의 움직임을
추적해 운동능력을 향상시키고 부상을 예방해요. 찰나의 순간을 정
확하고 미세하게 들여다보고 분석해내는 기술로 선수의 약점과 단
점을 극복하고 장점은 더욱더 드러내는 작전을 짤 수 있답니다.

넷째, 근육의 부하와 피로도를 관리합니다. 피지컬 코치가 훈련량
과 회복 시간을 조절해 과도한 훈련과 부상을 예방할 수 있어요. 선
수의 컨디션 조절 계획에 큰 도움을 받을 수 있답니다.

다섯째, 심리적 안정과 인지적 통찰이 가능해요. 스트레스 수준과

인지 기능을 평가해 선수의 정신 상태를 이해하고 관리한답니다.

이러한 웨어러블의 주요 기능은 선수가 아닌 우리에게도 무척 가까이 있어요. 대표적으로 스마트워치를 사용해 일상에서 심박수, 스트레스 지수, 혈압까지 측정할 수 있답니다.

신체와 정신 모두를 건강하게 만드는 기술

웨어러블 기술은 단순한 데이터 수집을 넘어 인간의 다양한 면모를 이해하는 데 큰 도움을 줘요. 피지컬 코치들은 이를 활용해 각 선수의 신체적, 정신적, 정서적 건강을 고려한 맞춤형 훈련과 회복 방법을 만들 수 있답니다. 하지만 더불어 수집한 데이터의 개인정보 보호와 같은 윤리적인 문제도 생각해 봐야 해요.

이 기술은 팀의 역학, 코칭 전략, 선수와 스포츠의 관계에도 큰 영향을 미쳐요. 데이터 기반의 통찰력은 선수들의 자기 인식, 정체성 그리고 경력에도 기여한답니다. 심지어 최근에는 무릎 부위에 센서가 달린 밴드 하나만 차면 젖산 농도까지 측정할 수 있는 웨어러블 장비까지 개발되고 있으니 앞으로 스포츠 과학의 발전은 무궁무진하답니다.

이렇게 웨어러블 기술이 장착된 모든 장비는 선수의 성과를 높이고 부상을 예방하며 전반적인 건강한 삶을 촉진해요. 동시에 스포츠에 담겨 있는 인간적인 요소에 대해 우리의 이해를 깊게 해 줍니다. 점차 웨어러블 기술이 계속 발전하면서 스포츠의 복잡하고 매력적인 세계를 더욱 잘 이해하게 될 거예요.

Q7. 모든 능력을 갖춘 최고의 선수들은 어떻게 탄생할까?

혹시 '육각형 선수'라는 말을 들어본 적 있나요? 특히 축구 게임을 좋아하는 친구들은 이 용어에 익숙할지도 모르겠네요. 위닝 일레븐 이나 FIFA 온라인에서 선수의 능력치를 나타내는 그림에서 많이 확 인할 수 있습니다.

육각형 선수라는 호칭은 단순한 별명이 아니랍니다. 스포츠 과학 과 깊은 관련이 있는데요. 육각형 선수는 모든 면에서 뛰어난 완성 된 선수를 지칭하는 거예요. 그럼 과연 육각형 선수가 되기 위해 필 요한 능력은 무엇일까요? 그리고 어떻게 그것들을 측정할 수 있는 걸까요?

그런데 왜 육각형이지?

먼저 육각형 선수는 어떻게 만들어질까요? 모든 능력치가 뛰어난 선수를 육각형 선수라고 부르는 만큼 능력치를 평가하는 방법에 과학적인 분석이 숨어 있어요. 선수의 능력치를 평가할 때는 공격, 수비, 패스, 드리블, 슈팅, 체력 등 다양한 요소를 고려하는데요. 이를 위해 데이터를 우선 수집해요. 축구선수라면 경기 중 패스 성공률, 드리블 돌파 성공률, 슈팅 정확도 등 다양한 통계 자료를 모으는 거죠.

그리고 이렇게 모인 데이터를 분석해 정리한 결과를 육각형 그래프로 표현하고, 여기서 모든 능력치가 고르게 높은 선수라면 완벽한

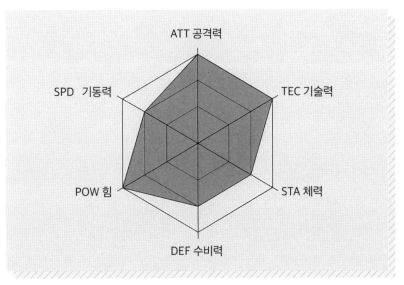

선수의 능력치를 나타내는 육각형 스탯 그래프.

육각형 모양이 그려져요. 그렇기 때문에 육각형 선수라는 말이 생긴 거랍니다. 이렇게 만들어진 그래프는 선수의 다재다능함을 한눈에 보여 줍니다. 만약 스피드 능력치는 높지만 체력이나 기술 능력치가 낮다면 마치 지진이 난 그래프처럼 뾰족한 그림이 그려지게 돼요. 그러면 완성형 선수가 아닌 스피드만 빠른 선수라는 의미입니다.

객관적이고 공정한 데이터

한 선수를 육각형 선수로 정확하게 평가하기 위해서는 주관적인 느낌이 아닌 객관적이고 정량적인 데이터가 반드시 필요해요. 객관적인 데이터 수집은 매우 중요합니다. 예를 들어 펜싱선수의 능력치는 이렇게 수집할 수 있어요. 우선 해당 선수가 치른 여러 경기 결과를 종합해요. 승리와 패배 횟수, 득점과 실점, 경기 시간 등을 모아 경기 기록을 정리합니다. 그리고 그걸 토대로 타격 정확도, 방어 성공률, 움직임의 민첩성 등의 기술 분석을 진행해요. 또 피지컬 테스트를 거쳐 체력, 스피드, 유연성, 근력 등을 측정합니다. 마지막으로 집중력, 스트레스 대처 능력, 경기 중 심리 상태 등의 심리 평가를 실시해요.

　이렇게 다양하고 객관적인 과정을 거쳐 수집한 데이터를 종합해 정량적으로 평가하고, 이를 바탕으로 육각형 그래프를 작성하게 됩니다. 그러니 모든 데이터 수집 과정이 공정하고 객관적일수록 진정한 의미의 육각형 선수가 될 수 있겠죠.

타고나기보다 만들어지는 육각형 선수

스포츠 과학에서는 육각형 선수의 능력을 골고루 향상시키는 걸 목표로 해요. 그래서 선수의 신체적 특성뿐만 아니라 정신적 특성까지도 수집하죠. 그렇게 수집한 경기 기록, 체력 측정 결과, 심리 상태 등을 종합적으로 분석해 맞춤형 훈련 프로그램을 설계합니다. 이렇게 하면 선수의 각 능력을 균형 있게 발전시킬 수 있어요. 즉, 육각형의 각 변을 모두 균등하게 만드는 과정과 같습니다.

육각형 선수는 단순히 타고난 재능만으로 만들어지는 게 아니라 과학적인 접근과 꾸준한 훈련으로 완성됩니다. 스포츠 과학은 이 과정에서 매우 중요한 역할을 해요. 덕분에 우리는 경기장에서 멋진 플레이를 펼치는 육각형 선수들을 볼 수 있는 것이죠.

이제 육각형 선수가 무엇인지 그리고 스포츠 과학이 어떻게 이를 뒷받침하는지 조금 더 이해가 되나요? 이 모든 과정이 단순히 게임 속만의 이야기가 아니라 실제 스포츠 세계에서도 중요한 역할을 한다는 점이 정말 흥미롭습니다. 모든 능력이 고르게 뛰어난 육각형 선수가 되기 위해서는 끊임없는 노력과 과학적인 접근이 필요하다는 점을 꼭 기억하며, 우리도 삶에서 육각형 인간이 되기 위해 노력하면 좋겠어요.

Q8. 농구를 많이 하면 정말 키가 클까?

"농구를 많이 하면 키가 큰다"라는 말을 한 번쯤은 들어 봤을 거예요. 왜냐하면 농구선수들이 모두 큰 키를 자랑하기 때문이죠. 그런데 정말 농구를 하면 키가 더 클까요? 지금부터라도 키가 크고 싶다면 열심히 농구를 해야 할까요?

우리 주변에는 다양한 스포츠로 키가 자란다는 이야기가 많습니다. 어떤 운동이 효과가 있는지, 키 성장에 유전적인 요인이 더 큰지 아니면 환경적인 요인이 더 중요한지 궁금해지는데요. 운동이 키 성장에 얼마나 영향을 미치는지 과학적으로 재미있고 풍성하게 알아보겠습니다.

키는 역시 유전의 힘이다?

전문가들에 따르면 유전적 요인이 키 성장에 큰 영향을 미친다고 해요. 부모님의 키가 여러분의 키에 큰 영향을 미친다는 거죠. "아빠가 키가 크니 너도 크겠구나"라는 말처럼 부모님의 신체적 특성과 DNA가 여러분에게 전해집니다. 하지만 유전적 요인이 전부는 아니에요. 환경적 요인에 따라서 유전적 요인을 극복할 수 있어요. 이는 개인의 생활습관과 외부 환경에 따라 달라질 수 있다는 말이에요.

흥미롭게도 똑같은 유전적 배경을 가진 쌍둥이도 환경적 요인에 따라 서로 키가 달라질 수 있어요. 예를 들어 한 쌍둥이는 규칙적으로 운동을 하고 균형 잡힌 식사를 하는 반면 다른 쌍둥이는 그렇지 않다면 성장 결과에 차이가 날 수 있습니다. 이처럼 환경적 요인도 키 성장에 중요한 역할을 한다는 것을 알 수 있어요.

성장판을 자극하는 점프 운동

운동이 키 성장에 미치는 영향은 분명히 있어요. 규칙적인 운동은 성장호르몬의 분비를 촉진해 키 성장에 긍정적인 영향을 줄 수 있습니다. 성장호르몬은 뇌하수체에서 분비되는데 뼈와 근육의 성장에 중

점프 운동의 대표적인 스포츠인 농구.

요한 역할을 해요. 특히 점프 운동이나 스트레칭 같은 운동은 성장판을 자극해 뼈의 성장을 도울 수 있어요. 스트레칭은 근육을 늘리고 관절의 가동 범위를 넓혀 주기에 키가 크는 데 도움이 됩니다.

특별히 점프 운동은 키 성장에 크게 도움을 준다는 대표적인 활동으로 알려져 있습니다. 성장판은 뼈의 길이를 결정하는 주요 부위로, 점프 운동은 이 성장판에 직접적인 자극을 줘요. 성장판은 연골로 이뤄져 있어 반복적인 압박과 이완을 거치면 활발하게 성장할 수 있답니다. 점프를 할 때 체중이 발바닥을 거쳐 뼈에 전달되며, 이때 발생하는 압력이 성장판을 자극해 뼈의 성장을 촉진하는 원리랍니다. 특히 성장기를 보내고 있는 청소년 여러분은 성장판이 자극에 더 민감하게 반응하기 때문에 적절한 점프 운동이 키 성장에 큰 도움이 될 거예요.

그렇다고 농구나 줄넘기 같은 점프 운동을 무리하게 하면 오히려 성장판에 손상을 줄 수 있어요. 근력이 약한 사람이 과도하게 점프하면 관절과 인대에 무리가 갈 수 있거든요. 따라서 본인에게 맞는 적절한 강도로 혹은 중강도로 운동하는 게 중요합니다. 중강도 운동이란 운동 중에도 숨이 너무 차지 않고 운동하면서 대화는 가능하지만 노래 부르기는 벅찬 정도예요. 빠르게 걷기, 가벼운 조깅, 줄넘기, 적당한 속도로 자전거 타기 등이 중강도 운동에 해당합니다. 한 시간 정도를 쉬지 않고 지속해서 뛸 수 있는 운동이 좋다는 것이죠. 반대로 축구경기처럼 뛰고 나면 힘이 빠지고 체중이 빠지는 것은 고강도 운동이에요.

잘 먹고 잘 자야 하는 이유

키 성장에 중요한 환경적 요인도 알아봐요. 환경적 요인에는 영양, 수면, 스트레스 등이 포함됩니다. 성장기에는 칼슘과 비타민 D가 풍부한 음식을 섭취해 뼈 건강을 유지하는 게 중요한데요. 칼슘은 뼈를 구성하는 주요 성분으로 뼈의 밀도를 높이고 강하게 만든답니다. 비타민 D는 칼슘의 흡수를 도와 뼈 건강을 유지하는 데 필수적인 영양소예요.

그리고 중요한 것은 수면이에요. 성장호르몬은 주로 수면 중 밤에 분비되므로 충분한 수면이 꼭 필요해요. 수면은 성장기의 여러분에게 특히 중요합니다. 충분한 수면을 취하지 못하면 성장호르몬의 분비가 줄어들어 키 성장에 저해될 수 있어요. 또한 정신적 스트레스를 줄이고 신체적 휴식을 충분히 취하는 것도 키 크는 데 도움이 됩니다.

건강한 생활습관의 중요성

운동은 키를 크게 하는 것뿐만 아니라 건강한 신체를 유지하는 데도 큰 도움이 돼요. 꾸준한 운동은 심폐기능을 강화하고 근육을 발달시키며 체력을 증진하죠. 그리고 스트레스를 해소해서 정신건강을 유지하는 데도 효과가 있답니다.

정리해 볼게요. 농구와 같은 점프 운동이 키 성장에 도움이 되는 건 분명해요. 그러나 절대적이지는 않아요. 유전적 요인이 제일 큰 비중을 차지하며 환경적 요인 역시 무시할 수 없습니다. 규칙적인 운동, 올바른 영양섭취, 충분한 수면 그리고 적절한 스트레칭과 근력 강화 운동이 조화를 이뤄야만 건강한 성장이 가능하답니다. 이러한 점을 기억해 균형 잡힌 생활습관을 유지하는 것이 키 성장에 가장 중요하다는 점을 명심해 주세요.

손흥민 선수의 감아차기 슛은 어떤 원리로 날아갈까?

혹시 '마구魔球'라는 단어를 들어본 적 있나요? 마구는 마치 마법에 걸린 듯한 공의 움직임을 뜻하는데요. 축구의 무회전 슛, 야구의 변화구, 배구의 플로터서브 등 다양한 스포츠에서 등장합니다. 골키퍼는 춤추듯 날아오는 축구공에 당황하고, 타자는 어디로 튈지 모르는 예측 불가능한 야구공 때문에 귀신에 홀린 듯 헛스윙을 하고, 리시버는 갑자기 뚝 떨어지는 배구공에 어리둥절한 표정을 짓게 되죠. 이 모든 것이 바로 마구의 힘입니다.

요즘 축구팬들은 손흥민 선수가 보여 주는 감아차기 슛에 열광합니다. 흔히 말하는 손흥민존에서의 아름다운 곡선 슛은 축구를 보는 재미를 높여 주며 다들 따라 하기에 바쁘죠. 그럼 과연 이러한 마구들은 어떠한 원리로 만들어질까요? 딱 세 가지 과학원리에 정답이 숨이 있습니다. 전혀 어렵지 않으니 함께 하나씩 살펴봐요.

카르만의 소용돌이

축구에서 무회전 슛이 골키퍼에게 어려운 이유 중 하나는 '카르만의 소용돌이Karman's vortex street' 현상 때문이에요. 축구공이 날아갈 때 공 뒤쪽에는 불규칙한 소용돌이가 생기는데, 감아차기를 활용한 회전 슛에서는 소용돌이가 일정한 방향으로 발생하지만 무회전 슛에서는 공이 회전하지 않아 소용돌이가 불규칙하게 발생합니다. 따라서 공

무회전 슛으로 유명한 크리스티아누 호날두 선수.

의 움직임이 예측 불가능해져 골키퍼가 방향을 잡기 어려워지는 거죠. 회전하는 공은 그 경로를 예측할 수 있지만 무회전으로 날아오는 공은 좌우로 춤추듯 움직이기 때문에 막기가 매우 어렵답니다. 기술이 뛰어난 축구선수들은 바로 이 원리를 이용해 슛을 날리는 거랍니다.

마그누스 효과

'마그누스 효과Magnus effect'는 공이 회전할 때 발생하는 특별한 현상입니다. 공이 회전하는 동안 주변 공기와 상호작용을 이루며 공이 휘어지게 되는 원리예요. 더 쉽게 설명하자면 여러분이 공을 찰 때 공이 회전하면 한쪽 면은 공기의 흐름과 같은 방향으로 움직이고, 반대쪽 면은 공기의 흐름과 반대 방향으로 움직이게 됩니다. 이러면 공기의 압력이 서로 달라져 공이 회전하는 방향으로 휘어지게 되는 거죠. 대표적인 예가 바로 손흥민 선수의 감아차기 슛이에요. 그는 슈팅 시 의도적으로 공에 회전을 줍니다. 그러면 공이 회전하면서 마그누스 효과가 발생해 공은 휘어지며 골키퍼를 당황케 하죠. 골키퍼가 공의 궤적을 예상하고 움직이더라도 밖에서 휘어서 안으로 들어오기 때문에 정말 막기가 힘들답니다.

2022-2023시즌 프리미어리그 토트넘의 홈경기로 열린 레스터 시

티 FC전에서 손흥민 선수는 해트트릭을 달성했는데 감아차기 슛으로만 2골을 넣었어요. 골키퍼였던 대니 워드는 이렇게 말했어요. "공이 골문 밖에서 휘어져 들어와서 막기가 힘들었다"고요. 마그누스 효과를 이해하는 또 다른 방법은 날아가는 탁구공을 떠올리는 거예요. 탁구 기술 중 드라이브를 생각해 보세요. 탁구공의 윗부분을 세게 쳐서 회전시키면 공이 휘어지거나 뚝 떨어지며 상대 테이블에 떨어지는 것을 볼 수 있어요.

이처럼 마그누스 효과는 공의 회전과 공기 흐름의 상호작용으로 만들어지는 놀라운 현상입니다. 축구에서뿐만 아니라 다양한 스포츠에서도 이 원리를 활용해 멋진 플레이를 만들 수 있답니다.

공기저항

공이 날아갈 때 '공기저항'은 공의 속도를 줄입니다. 공기저항은 물체가 움직일 때 공기와 부딪히며 발생하는 힘인데 물체의 속도를 줄이는 역할을 해요. 무회전 슛의 경우 공 뒤쪽의 소용돌이가 공기저항의 일부를 줄여 공의 속도를 유지하는 데 도움을 줘요. 따라서 무회전 슛은 강력한 힘을 유지하며 골대를 위협할 수 있답니다. 더 쉽게는 자전거를 탈 때 빠르게 달리면 얼굴에 바람이 강하게 불어오는 것을 느낄 수 있죠. 어떨 때는 갑자기 불어오는 바람에 좌우로 흔들리 때도 있죠. 이게 바로 공기저항이에요.

야구의 너클볼과 배구의 플로터서브

야구의 너클볼은 축구의 무회전 슛과 유사한 원리로 작동해요. 투수가 공을 던질 때 손가락으로 공을 회전시키지 않으면 공은 불규칙한 궤적을 그리며 날아갑니다. 이 때문에 포수나 타자가 공의 궤적을 예측하기 어렵죠. 배구의 플로터서브도 마찬가지로 공을 회전시키지 않고 서브를 넣으면 불규칙한 궤적을 그리며 날아가 상대 팀의 리시버를 방해하는 효과적인 서브 기술이랍니다.

이제 나도 찰 수 있다, 무회전 슛

우리가 무회전 슛을 보며 놀라움과 재미를 느끼는 이유에는 바로 카르만의 소용돌이, 마그누스 효과, 공기저항이라는 과학이론이 숨어 있었답니다. 이러한 과학이론들이 예술적인 곡선을 그리며 날아가는 공의 모습을 만들어 축구의 매력을 더욱 증폭시켰던 거죠. 특히 중요한 경기에서 무회전 슛으로 골이 터질 때면 더욱 큰 화제가 되고 팬들의 열광적인 반응을 이끌어내요.

하지만 무회전 슛을 완벽하게 구사하기 위해서는 많은 연습이 필요합니다. 세 가지의 과학이론을 제대로 이해하고 꾸준히 연습해야만 이 기술을 가질 수 있기 때문이죠. 그럼 여러분도 이제 무회전 슛의 원리를 알았으니 열심히 연습해 도전해 보면 어때요?

Q10.

미래 스포츠를 이끌어 갈
최신 과학기술은 무엇일까?

미래의 스포츠는 어떤 모습일까요? 스포츠 선수들은 얼마나 더 빨라지고 강해질 수 있을까요? 과학기술은 스포츠의 한계를 어디까지 끌어올릴 수 있을까요? 우리들이 스포츠를 즐기는 방식이 지금과는 어떻게 많이 달라져 있을까요? 이런 질문들은 우리의 상상력을 자극하고 미래 스포츠 과학의 무궁무진한 가능성을 생각하게 합니다. 우리가 좋아하는 축구, 농구, 야구, 테니스 같은 스포츠가 과학기술의 도움으로 앞으로는 어떻게 변할지 정말 궁금해지는데요. 지금부터 달라질 미래 스포츠의 흥미진진한 모습을 같이 알아봐요. 머지않아 여러분이 맞이하게 될 새로운 시대의 모습입니다.

가상과 현실의 경계를 넘나들다

미래의 스포츠 훈련 환경을 가장 크게 변화시킬 과학기술 중 하나는 가상현실VR, Virtual Reality과 증강현실AR, Augmented Reality 기술입니다. 이 기술들은 다양한 종목의 선수들에게 실제 경기장처럼 생생한 훈련 환경을 제공합니다.

가상현실 기술을 사용하면 선수들은 가상의 세계에서 다양한 경기 상황을 경험하고 연습할 수 있어요. 예를 들어 축구선수는 가상현실에서 상대 팀과의 경기 상황을 반복적으로 연습할 수 있어요. 마치 게임 속에 들어간 것처럼 말이죠. 실제로 한 광고에서는 축구 꿈나무가 가상현실에서 손흥민 선수와 함께 축구를 하는 모습을 보여 주기도 했어요. 이 기술이 스포츠 훈련 현장에 도입되는 날이 얼마 남지 않았답니다. 그렇게 되면 가상의 상대 선수를 상대로 필요한 만큼 원하는 조건의 연습을 충분히 할 수 있기에 경기에 큰 도움이 될 거예요. 그러나 문제는 상대 선수도 가상의 나를 세워 놓고 많은 연습을 한다는 점이죠. 그러니 신체적 이점을 더 많이 가진 선수가 이길 확률이 더 높을 것이라는 예측도 가능합니다.

증강현실 기술은 현실세계에 가상의 정보를 덧붙여 보여 줍니다. 예를 들어 골프선수는 필요에 따라 연습할 수 있는 가상의 골프코스를 만들고, 자신의 스윙 자세를 분석하며 최적의 타격포인트를 찾는 훈련을 할 수 있게 돼요. 그리고 실제 코스에서도 증강현실 안경을

스포츠 박람회에서 증강현실 기술을 체험하고 있는 사람들.

착용해 가상의 안내를 받으며 퍼팅 훈련을 할 수 있어요. 야구에도 접목이 가능합니다. 가상의 투구로 타격 연습을 하거나 실제 타석에서 똑같이 안경을 착용해 실제 투구의 속도와 변화를 경험하며 타격 훈련을 할 수 있습니다. 스키에서도 가능하겠네요. 가상의 슬로프를 만들어 다양한 코스 상황을 연습하며 자신의 턴 기술을 분석하고 개선할 수 있습니다. 이런 기술이 있기에 스크린골프와 스크린야구가 가능한 것이죠. 그리고 우리는 이미 포켓몬 GO라는 모바일 게임으로 포켓몬을 잡기 위해 실제 현실세계로 이리 뛰고 저리 뛰어 본 경험이 있죠.

데이터 분석과 인공지능 기술로 더욱 똑똑하게

미래의 스포츠는 데이터 분석 기술과 인공지능^{AI, Artificial Intelligence} 기술을 많이 사용하게 될 거예요. 이 기술들은 경기 전략을 짜고 선수의 건강을 관리하며 부상을 예방하는 데 큰 도움을 줍니다.

데이터 분석 기술로 기존의 경기를 살펴서 최적의 경기 전략을 세울 수 있어요. 인공지능 기술은 상대 팀의 약점을 찾아내고 이를 공략할 방법을 제안합니다. 마치 게임에서 상대의 플레이 패턴을 분석해서 공략하는 것과 같아요. 이미 여러 스포츠에서는 전력분석관을 두고 데이터 기반의 전략을 짜고 감독에게 제공하고 있답니다. 우리가 게임에서 가상의 축구팀을 운영할 때도 핵심은 바로 데이터에 있죠. 수집한 데이터를 보고 승률이 높은 팀으로 만들어 가는 것이죠.

인공지능 기술은 선수들의 체력 상태를 실시간으로 확인하며 피로를 최소화할 수 있는 훈련 프로그램을 설계하도록 도와줍니다. 이로써 선수들은 항상 최고의 컨디션을 유지할 수 있게 되죠. 그리고 부상 예방에도 도움을 받을 수 있어요. 선수들의 움직임을 분석해 부상 위험을 사전에 예측해서 예방 방법을 제안합니다. 예를 들어 어떤 동작이 무릎에 무리를 줄 수 있는지 알려 주는 거죠. 피지컬 코치에게는 아주 유용한 정보를 제공하는 것이죠. 그래서 이미 피지컬 코치는 스포츠 과학이라는 세계에서 선수들에게 가장 객관적인 훈련법을 제공하는 사람으로 알려져 있답니다.

스포츠와 과학의 적절한 조화

스포츠 과학기술은 앞으로 더욱 발전하면서 선수들의 능력을 최대한으로 끌어올리며 경기의 수준을 높일 것입니다. 하지만 기술 발전은 단순히 경기력 향상에만 국한되지 않습니다. 스포츠는 인간의 노력과 감동이 어우러진 공간으로 기술 활용은 반드시 인간적인 요소와 조화를 이루어야 해요. 항상 스포츠의 본질, 즉 사람과 사람의 만남과 감동을 잊지 말아야 합니다. 미래의 주인공인 여러분이 앞으로 발전하는 스포츠 과학에 관심을 가지며 기술과 인간성이 조화를 이루는 아름다운 스포츠를 함께 만들어 가면 좋겠어요.

호기심 많은 10대를 위한 50가지 스포츠 이야기

스포츠 인문학 수업

초판 1쇄 발행 2024년 9월 1일
초판 2쇄 발행 2024년 11월 1일

지은이 강현희
펴낸이 김선식, 이주화

기획편집 이동현
콘텐츠 개발팀 김찬양, 이동현, 임지연
디자인 STUDIO 보글

펴낸곳 ㈜클랩북스 **출판등록** 2022년 5월 12일 제2022-000129호
주소 서울시 마포구 어울마당로3길 5, 201호
전화 02-332-5246 **팩스** 0504-255-5246
이메일 clab22@clabbooks.com
인스타그램 instagram.com/clabbooks
페이스북 facebook.com/clabbooks

ISBN 979-11-93941-13-3 (43690)

㈜클랩북스는 독자 여러분의 책에 관한 아이디어와 원고 투고를 기다리고 있습니다.
책 출간을 원하시는 분은 이메일 clab22@clabbooks.com으로 간단한 개요와 취지, 연락처 등을 보내주세요.
'지혜가 되는 이야기의 시작, 클랩북스'와 함께 꿈을 이루세요.